KB210545

다르게 일하는
사람들처럼

다르게 일하는 사람들처럼

저자 원용일

초판 1쇄 발행 2023. 7. 20.

발행처 도서출판 브니엘
발행인 권혁선

책임편집 김지연
책임교정 조은경

등록번호 서울 제2006-50호
등록일자 2006. 9. 11.

서울특별시 송파구 백제고분로28길 25 B101호 (05590)
마케팅부 02)421-3436
편집부 02)421-3487
팩시밀리 02)421-3438

ISBN 979-11-93092-05-7 03230

독자의견 02)421-3487
이메일 editorkhs@empal.com

북카페 주소 cafe.naver.com/penielpub.cafe
인스타그램 @peniel_books

도서출판 브니엘은 독자들의 원고를 설레는 마음으로 기다리고 있습니다.
위의 이메일로 간단한 기획 내용 및 원고, 연락처 등을 보내주십시오.

도서출판 브니엘은 갓구운 빵처럼 항상 신선한 책만을 고집합니다.

［ 직업인인 성경 인물들을 통해 얻는 일터 그리스도인의 영성 ］

다르게 일하는
사람들처럼

원용일 | 직장사역연구소 소장

일터에서 믿음의 선배들처럼 일한다면

전에 한 기독교 기관의 뉴스레터를 받았는데, 그 연구원에 속한 분이 한 청년모임에서 강의하며 겪은 이야기를 했다. 비전을 품어야 한다고 청년들에게 한참 강의하고 있는데, 한 청년이 좀 짜증스러운 태도로 이렇게 질문했다고 한다. "많은 분이 우리에게 비전, 비전하는데 지금처럼 대학에 들어가자마자 취업 걱정하랴, 경쟁이 심한 직장에서 생존하랴, 정말 앞뒤가 꽉 막힌 현실에서 어떻게 비전을 생각할 수 있습니까? 어른들은 우리의 현실을 제대로 알고 비전을 말하는 겁니까?"

글을 쓴 분은 그 청년의 질문에 당황스러웠고, 한편으로 생각하면 당연한 문제 제기였다고 이야기했다. 그런데 만약 내가 그런 질문을 받는다면 그 질문한 청년에게 어떻게 말해줄까 생각해보았다.

이렇게 이야기해주고 싶었다.

오늘 우리 시대에 청년들이 겪는 현실이 가슴 아프다. 그렇게 힘든 상황을 만들어놓은 책임감도 크고 죄책감도 든다. 그런데 이런 현실이라면 더욱 청년들은 꿈을 꾸어야 한다. 가만히 생각해보면 답답한 상황에 놓인 사람은 괜찮은 일자리가 없고 미래가 불투명한 청년들만이 아니다. 경영하는 사람도 힘들고 직업인도 나름대로 다들 힘겨운 경쟁을 감당하면서 하루하루 버텨나가고 있는 시대이다. 이른 시기에 퇴직해야만 하고 평균 수명까지 30년이나 남아 있어 노후가 고달픈 부모 세대도 답답하고 힘들기는 마찬가지다. 물론 우리 시대에 청년들이 가장 힘든 것은 분명하다.

그러면 이런 답답한 현실 속에서 꿈꾸지 않고 비전을 포기하면 어쩔 것인가? 앞이 캄캄하고 뒤도 꽉 막혀 있다고 포기하면 안 된다. 옆이라도 보고, 고개를 들어 하늘이라도 쳐다보며 용기를 얻어야 한다. 힘들어 죽겠는데도 강의나 설교를 들으면 비전을 가지라는 반복된 메시지가 들린다면 그것을 하나님의 음성으로 받아들일 수 있어야 한다. 비전을 가지라고만 말하고 구체적인 실행방법을 알려주지 않으면 모를까, 그 실행방법도 알려주는데 한번 따라 해보고 기도하면서 노력해봐야 하지 않겠는가 말이다.

하긴 교회의 청년부뿐만 아니라 교회에서 세상 속 삶과 직업에 대한 성경의 가르침을 알려주기에 소홀했던 점은 부끄럽기도 하고 안타깝다. C. S. 루이스, J.R.R 톨킨과 동시대를 살았던 영국의 문학가이며 사상가인 도로시 세이어즈의 책을 보고 많이 찔렸다. 지속적인 대량생산을 위해 끝없이 소비를 자극하는 현대사회의 현실을 비판하면서 이런 "현실과 관련하여 교회가 저지른 잘못 가운데 세속 직업을 제대로 이해하지 못하고 중시하지 않은 것만큼 심각한 문제는 없을 것"이라고 비판한다.

성속이원론에 대한 지적인데 세이어즈는 교회의 본분에 대해 지적한다. "일꾼들이 그리스도인이 되게 하고 그들이 하나님께 하듯 자기 일을 훌륭하게 해내도록 하는 것이다. 그러면 그것이 교회 장식이든 하수 처리든 모두가 기독교 사역이 될 것이다. …그리고 교회는 일의 아름다움이 그 일 자체로 평가되는 것이지, 교회의 표준에 의해 평가되는 것이 아님을 명심해야 한다"(도로시 세이어즈 지음, 「기독교 교리를 다시 생각한다」, IVP 펴냄, 140쪽). 도로시 세이어즈의 제안을 한마디로 요약하면 이렇게 말할 수 있다. "교회여, 탁월한 크리스천이 그들의 일로 하나님을 섬기게 하라!"

그동안 주일에 성도들이 모인 교회, 건물을 중심으로 활동하는 교회만 중요하다고 가르쳐왔다. 균형을 잡기 위해서라도 일터와 가정과 학교, 사회와 국가와 세계 속에서 흩어진 교회의 성도로서 크리스천다움을 드러내는 삶을 살아야 한다고 가르쳐야 한다. 성경에 나오는 직업인의 모델을 일터 크리스천들에게 알려줄 수 있어야 한다.

이 책에서는 직업인이었던 성경 인물들을 통해 얻을 수 있는 일터 그리스도인의 다섯 가지 미덕을 정리해보았다. 요셉, 다윗, 다니엘, 느헤미야와 아브라함, 이삭, 야곱, 솔로몬, 여호수아, 갈렙, 바울, 베드로, 바나바 등 성경에서 직업인으로 볼 수 있는 인물들은 독

특하고 남다른 그들만의 방법으로 일했다. 그들이 하나님의 부르심에 응답한 비전과 일터 소명, 탁월한 전문성, 불의한 세상에 맞선 용기와 지혜, 관계를 풀어내는 중재, 세상을 복되게 하는 리더십을 배워볼 수 있다.

글쓴이 원용일

C·O·N·T·E·N·T·S
차 례

그런즉 너희는 먼저 그의 나라와 그의 의를 구하라.
그리하면 이 모든 것을 너희에게 더하시리라. 마 6:33

PART 1

일터에서
부르심에
응답하는
소명자

앞이 캄캄해도
꿈꾸는 소명자가 되기 위하여

"

어느 교회 청년부에서 강의를 마친 후에 한 형제가 돌발질문을 했다.

"열심히 살아야 하고 주께 하듯 일해야 하는 것은 알겠는데 정말 일하기 싫을 때, 때려죽여도 출근하기 싫을 때는 어떻게 해야 합니까?"

폭소가 터졌다. 나는 어떻게 답해야 할지 생각하고 고민할 겨를도 없었다. 순발력을 발휘했다.

"그렇게 일하기 싫으면 그만둬야지요. 한번 쉬어봐야지요."

또 한 번 웃음바다가 되고 우리는 모두 그저 서로를 바라보며 공감했다. 엉겁결에 자기가 한 질문보다 짧은 대답을 들은 그 형제는 나에게 엄지척을 날렸다. 나는 손가락 하트로 답하며 가장 짧은 질문과 대답을 마무리했다.

일하는 사람이라면 "때려죽여도 출근하기 싫다"라는 말이 무슨 뜻인지 잘 안다. 개인적으로 이런 힘든 상황을 겪기도 하지만 요즘 우리 시대 청년들은 포기할 것도 많고 지옥 같은 나라이고 이번 생은 망했다고 외치니 일하는 사람들의 현실이 가슴 아프고 안타깝다.

앞뒤가 꽉 막혀 허우적거려도
잊지 말아야 할 비전

이 시대에 우리 크리스천들이 우리를 우울하게 하는 세상에도 희망을 주고 해답을 제시할 수 있어야 한다. 현실이 힘들다면 우리는 더욱더 성경이 강조하는 메시지에 귀를 기울여야 한다. 정말 어려운 현실 속에서 하루하루 살아야 했지만 꿈을 가지고 살았던 요셉을 보면서 우리는 오늘도 꿈꾸어야 한다. 요셉은 성경 최고의 비저너리(Visionary)였다. '비저너리'는 사전적 의미인 '몽상가'나 '공상에 빠져 삶을 잃어버리는 사람'과 같이 부정적 표현에 종종 쓰이는데, 본래 '꿈'이라는 것은 좀 허황되어 보이는 면이 있다. 그것이 정상이다.

비저너리 요셉은 하나님이 꾸게 하신 두 번의 인상적인 꿈을 어린 시절부터 마음에 품고 살았다. 첫 번째 꿈은 요셉과 형들이 들판에서 추수할 때 형들이 묶은 곡식 단이 요셉의 곡식 단에 절을 한다는 꿈이었다. 또 한 번은 우주로 날아가서 아버지 해, 어머니 달, 형제 별들이 모두 요셉을 향해 절한다는 꿈을 꾸었다. 요셉은 자기 꿈을 말하지 않을 수 없었다. 야단맞을 것을 알았지만 형들에게도 말하고 아버지께도 말해 걱정을 끼치고 미움을 받았다.

요셉이 자기가 꾼 꿈을 말하는 과정에서 성숙하지 못한 실수가 보이지만, 여하튼 요셉은 꿈을 꾸는 사람이었다. 그런데 요셉의 형들은 어땠는가? 형들도 꿈에 관심이 있긴 했다. 하지만 하나님이 자신들에게 주신 꿈이 아니라 요셉의 꿈에 관심이 더 컸다. 요셉이 입고 있던 채색옷으로 인해 멀리서도 그가 오는 것을 금방 알아챘던 형들은 이렇게 말했다. "꿈꾸는 자가 오는도다. 자 그를 죽여 한 구덩이에 던지고 우리가 말하기를 악한 짐승이 그를 잡아먹었다 하자. 그의 꿈이 어떻게 되는지를 우리가 볼 것이니라"(창 37:19-20).

형들의 관심사는 요셉의 꿈이 과연 이루어지는지 확인해보자는 것이었다. 요셉의 형들은 자신들의 꿈에는 관심이 없었다. 꿈이 없는 사람들은 이렇게 다른 사람의 꿈에나 관심을 보인다. 꿈 있는 사람의 뭔가 으스대는 듯하고 건방져 보이는 태도가 눈꼴시다. 형제의 비전에 공감하고 격려해줄 생각은 하지 못한다.

꿈의 사람 요셉과 그 형들에 대해 꼭 기억할 사실이 있다. 요셉을 팔았던 형들은 요셉이 꿈을 이루는 과정에서 들러리였다. 조력자에 불과했다. 그들은 원하지도 않았고 자신들도 몰랐지만, 결국 요셉의 비전 성취에 도움을 주었다. 요셉을 미워해서 애굽에 노예로 팔았다. 그들은 결국 그들이 그렇게 팔아버렸던 요셉의 꿈 때문에 자신들의 생명을 보존하고 흉년의 재앙을 견뎌낼 수 있었다.

유대인들이 성경의 내용에 문학적 상상력을 덧붙인 지혜 문서인 「요셉 미드라쉬」에 보면 요셉의 형들이 요셉을 판 후 이렇게 말했다고 기록한다. "우리는 동생을 판 돈으로 음식을 사서 먹지 않을 것입니다. 신발을 사서 신을 것입니다. 그리고 요셉의 꿈을 짓밟을 것입니다"(강문호 지음, 「요셉 미드라쉬」, 한국가능성계발원 펴냄, 27쪽). 요셉의 형들과 같은 사람들을 가리켜 이렇게 말한다. "꿈이라곤 없는 불쌍한 자들!"

이렇게 자신의 비전을 제대로 인식하지 못하고 소홀히 한 사람이 또 있었다. 요셉과 형제들의 큰아버지 에서였다. 에서는 자신의 비전이라고 할 수 있는 장자의 권리를 세일하듯 처분해버렸다. 유교문화의 잔재로 아직 우리에게도 장자 중심 사고가 남아 있지만 그 당시에 장자의 명분은 중요했다. 성경에서도 장자에게는 형제들보다 두 배의 재산을 주고 가정을 이끄는 책임을 지게 했다. "반드시 그 미움을 받는 자의 아들을 장자로 인정하여 자기의 소유에서 그에게는 두 몫을 줄 것이니 그는 자기의 기력의 시작이라. 장자의 권리가 그에게 있음이니라"(신 21:17). 그런데 에서는 사냥을 나갔다가 와서 배가 고플 때 자신의 장자 명분을 팥죽 한 그릇에 야곱에게 팔아버렸다.

히브리서 기자가 에서의 '장자 권리 세일'을 비난하고 있다. "음행하는 자와 혹 한 그릇 음식을 위하여 장자의 명분을 판 에서와 같이 망령된 자가 없도록 살피라. 너희가 아는 바와 같이 그가 그 후에 축복을 이어받으려고 눈물을 흘리며 구하되 버린 바가 되어 회개할 기회를 얻지 못하였느니라"(히 12:16-17).

여기서 '망령된 자'라는 뜻은 이렇다. '거룩한 것을 인정하지 않고 물질적이고 감각적인 것만을 추구하는 자.' 에서는 당장 눈앞에 닥친 현실만 보고 '미래 가치'를 내다보지 못했다. 에서의 경솔함은 하나님이 주신 인생의 비전이 얼마나 거룩하고 의미 있는지 제대로 깨닫지 못하는 사람들의 실수를 교훈적으로 보여준다.

우리는 당장 눈앞에 닥친 현실만 보고 절망하면 안 된다. 미래의 가치를 보아야 하고 하나님의 약속을 바라보아야 한다. 이것이 비전 이다. 하나님이 나를 통해 이루시는 하나님 나라를 기대하고 우리 삶 을 다시 한번 정리하고 점검할 수 있어야 한다. 예수님은 산상수훈의 결론 부분에서 이렇게 말씀하셨다. "너희는 먼저 그의 나라와 그의 의를 구하라. 그리하면 이 모든 것을 너희에게 더하시리라"(마 6:33).

사실 사람들은 예수님이 말씀하시는 '모든 것', 즉 무엇을 먹을 까, 무엇을 입을까 고민하게 마련이다. 우리도 당연히 걱정하고 애 써야 한다. 그런데 예수님은 그런 고민을 할 때 먼저 하나님 나라와 하나님의 의를 기준으로 판단하라고 하신다. 이런 인생의 우선순위 가 바로 우리의 비전이고 소명이다.

남다른 가치를 추구하며
하나님의 소명에 합당하게 살라

우리는 하나님이 주신 비전에 따라서 뭔가 남다른 가 치를 추구해야 한다. 우리 인생을 하나님이 구원의 은혜로 불러서 세상을 유익하게 하는 역할을 맡기신 '소명'의 관점으로 볼 수 있어야 한다. '오프라 윈프리 쇼'로 널리 알려진 오프라 윈프리가 대학교 졸업식에서 소명에 관한 축사를 했다. 2017년 5월 20일, 미국 뉴욕주 스키드모어 칼리지 졸업식에서 오프라 윈프리는 자신의 인생 역정 속에서 모든 상황에 감사하는 연습을 했더니 하나님이 모든 것을 주셨다면서 자신의 성공이 하나님을 섬기는 신앙생활의 축복 때문이라고 말했다.

특히 대학을 졸업하는 학생들에게 진로문제에 대해 말하면서 이렇게 강조했다. "30여 년 전 내가 진로를 결정할 당시에도 마음속의 진리를 따랐다. 저 바깥세상에는 커다랗고 나쁜 세상이 펼쳐져 있다. 그런 세상에서 살아가려면 각자의 개성을 이용해 하나님이 주신 자신만의 소명(calling)을 다하는 것보다 더 강력한 힘은 없다"(《국민일보》 2017. 5. 22).

미래학자 최윤식 박사는 개인이나 기업이 단순하게 무엇이 될 것인가, 돈을 얼마나 벌 것인가만 추구하면 비전을 이루는 것이 아니라고 말한다. 가진 능력으로 이루고 싶은 가치가 무엇인가 확인하는 것이 바로 비전이라고 강조한다. 따라서 바람직한 비전은 '가치 있는 시대적 소명'이라고 정의한다(「생각이 미래다」, 지식노마드 펴냄, 208쪽). 결국 이것이 바로 예수님이 산상수훈에서 강조하신 하나님 나라와 하나님의 의(마 6:33)를 먼저 추구하는 우리 삶의 우선순위다.

따라서 유명해진다고 해서 인생이 가치 있는 것이 아니다. 높은 지위에 오르거나 돈을 많이 벌고 대단한 성취를 이루었어도 다른 사람의 존경을 받지 못하는 사람들도 많다. 아돌프 히틀러라고 하면 모르는 사람이 없을 만큼 유명하다. 히틀러의 꿈은 세상에서 가장 우수한 인종인 아리안족이 세계를 제패하여 그 우수성을 드러내는 것이었다. 그 일에 방해가 된다고 유대인을 증오하여 박멸하려 한 이유도 그런 편협한 우월주의적 인생 목표를 가졌기 때문이었다. 히틀러는 한때 유럽을 석권하고 유대인을 수백만 명이나 학살하여 자신의 꿈을 일부 이루었다. 아직도 그를 추종하는 정신 나간 사람들이 있기도 하다. 하지만 히틀러를 비전을 성취한 사람이라고 볼 수 있겠는가?

한편 히틀러만큼 사람들에게 알려지지는 않았으나 하나님이 주신 꿈을 부여잡고 노력하여 결국 그 꿈을 이룬 소명의 사람이 있다. 바로 윌리엄 윌버포스이다. 윌버포스는 18세기의 대영제국이 산업혁명의 후유증으로 겪는 사회현상인 빈부격차의 심화, 아동 인권유린, 천민상업주의, 도박, 알코올 중독, 매춘 등의 문제를 그냥 지나치지 않았다. 덧붙여 성직자의 타락이 겹쳐 나타나는 사회 현실에 대해 하원의원으로서 문제의식을 제기했다. 당시 영국은 세계 제일의 노예무역국이어서 국가재정 수입의 30% 이상이 노예무역을 통해 확보될 정도였다.

21세에 하원의원에 당선된 윌리엄 윌버포스가 25세에 회심하여 주님을 만난 후 가졌던 꿈이 있다. 노예제도가 하나님께서 원하시는 게 아님을 성경을 읽으며 깨달았다. 하나님이 사람을 하나님의 형상으로 창조하신 성경의 인간관을 생각할 때 영국에서 노예제도를 폐지하는 것과 온갖 구습을 타파하는 것이 하원의원으로서 자신이 추구할 소명이라고 생각했다. 하나님이 자신에게 주신 두 가지 중요한 사명의 실천을 위해 자기 삶부터 차근차근 개혁을 이루어갔다. 물론 그 과정은 쉽지 않았다. 결국 오랜 시간 윌버포스와 노예제 폐지에 뜻을 같이한 사람들의 노력으로 1807년 영국에서 노예무역은 법적으로 폐지되었다.

그러나 이런 법안이 실제로 시행되는 일 또한 만만치 않았으나 1833년 7월 27일, 오랜 질병과 노구로 고생하던 윌버포스가 운명하기 사흘 전, 의회가 대영제국에 있는 모든 노예를 1년 안에 해방하라는 법령을 포고했다. 정부가 노예 주인들에게 총 2천만 파운드의 노예보상비를 지급하기로 하면서 노예제도가 드디어 폐지되었다. 윌리엄 윌버포스는 히틀러보다는 덜 유명한 사람이지만 바른 가치를 추구하는 삶을 살았기에, 그가 이룬 성취가 세상을 유익하게 하고 우리가 본보기로 삼을 만한 소명 추구의 모델이 될 수 있다.

윌리엄 윌버포스처럼 성경을 통해 인생의 비전과 사명을 발견한 한 사람을 소개한다. 집안은 가난했지만 책 읽기를 좋아했던 여고생이 있었다. 제2차 세계대전에 남자친구가 참전했다가 돌아왔는데 여자친구가 거의 매일 써서 보낸 연애편지 묶음을 가지고 왔다. 그 여인은 남자친구와 결혼했고 대출받아 세탁소를 개업했다. 그런데 1948년에 불황의 파고를 이기지 못하고 세탁소 문을 닫았고, 5천 달러의 대출금을 갚는 일이 문제였다. 여인은 밤이 늦어도 잠이 오지 않아 거울 앞에 서 보았다. '나이 스물세 살, 학력 고졸, 특별한 기술이나 자격증 없음.' 자신의 이력이 그 정도였다. 아르바이트 자리를 찾다가 커피숍에서 주방보조로 설거지하며 일했으나, 그날 저녁에 내일부터 나오지 말라는 말을 들었다. 쓸 만한 한 가지 기술도 갖지 못한 것을 아쉬워하는데 성경 속의 한 이야기가 머릿속에 떠올랐다.

열왕기하 4장에 나오는 여인은 자기 남편이 엘리사 선지자의 제자였는데 그만 세상을 떠나고 말았다. 병이 들어 고생했는지 두 아들이 빚쟁이에게 종으로 팔려갈 위기에 처했다. 여인이 남편의 스승인 선지자 엘리사를 찾아갔다. 도움을 청하자 선지자는 집에 가지고 있는 것이 무엇인지 물었다. 여인에게 남은 것은 기름 한 그릇뿐이었다. 그러자 선지자는 여인에게 밖에 나가서 이웃들에게 빈 그릇을 많이 빌려 그 그릇에다 기름을 부으라고 했다. 선지자의 말 그대로 여인은 동네 이웃들에게 그릇을 빌려와서 거기다 기름을 부었는데 붓고 또 부어도 계속해서 기름이 나왔다. 빈 그릇이 더는 없을 때 나오던 기름이 그쳤다. 놀라운 하나님의 이적을 체험한 후 선지자가 여인에게 말했다. "너는 가서 기름을 팔아 빚을 갚고 남은 것으로 너와 네 두 아들이 생활하라."

그리고 여인은 이때 마태복음 25장에 나오는 달란트 비유도 생각났다. 한 달란트, 두 달란트, 다섯 달란트 받은 사람이 나오는데 한 달란트 받은 사람은 자기가 받은 것이 적다고 그것을 땅에 묻어두었다. 주인이 와서 그걸 빼앗아 열 달란트 가진 사람에게 주라고 했다. 마태는 이 말씀을 이렇게 결론지었다. "무릇 있는 자는 받아

풍족하게 되고 없는 자는 그 있는 것까지 빼앗기리라"(마 25:29). 바로 이 이야기가 생각나면서 여인은 무엇인가 작더라도 꼭 시작해야겠다고 결심했다. 자기에게 남은 것을 발견해서 이익을 남겨야겠다고 생각했다.

'우리 집에 있는 것 중에 팔 것이 무엇일까?' 생각하는 순간, 고등학교 작문 선생님의 얼굴이 떠올랐다. 선생님이 그녀의 작문 실력이 뛰어나다고 칭찬하며 학교신문 편집하는 일을 맡겨준 일이 기억났다. 여인은 벌떡 일어나 부엌으로 가서 쓰레기통 옆에 〈볼드윈 파크〉라는 신문지를 모아놓은 것을 식탁 위에 펼쳤다. 그리고 광고란을 모조리 읽기 시작하여 글 쓰는 일을 하는 사람을 찾는 광고를 찾았다.

하지만 신문들을 다 뒤져도 원하는 구인광고는 없었다. 그런데 광고를 계속 보다 보니 광고 카피나 문장이 너무 촌스럽고 형편없는 것들이 눈에 거슬렸다. '쯧쯧! 나라면 이 지경으로 쓰지는 않을 텐데….' 순간 어렴풋한 영감이 떠오르고 신문에 나오는 허접한 광고 문안들 몇 개를 오려 내어 광고를 다시 고쳐 써보았다. 몇 차례의 수정을 거쳐 나름의 샘플 광고 문안을 몇 개 완성했다. 그런데 벌써 밤이 다 지나고 아침 해가 솟아오르고 있었다. 지난밤에 한잠도 못 잤는데 이상하리만큼 기분이 상쾌했다. 처음 맛보는 희열감이었다.

아침에 일하러 나가는 남편을 챙겨주고서 여인은 서둘러 제일 좋은 옷을 입고 읍내에 있는 신문사로 향했다. 아이 하나는 유모차에, 그리고 한 아이는 등에 업고서 말이다. 신문사의 문을 열고 들어가니 사무실 안쪽에서 작은 키에 깡마른 체구의 사내가 근심에 찌든 얼굴로 걸어 나왔다. 그를 향해 여인이 소리쳤다.

"혹시 신문사 사장님이세요? 사장님이시라면 광고 지면을 좀 사러 왔는데요."

그러자 그 남자의 태도가 달라졌고, 여인은 자신의 계획을 설명하기 시작했다. 신문의 광고란을 도매가격으로 다 산 후에 광고주를 찾아가 광고 문안을 써서 신문에 실어주기로 하고 신문의 광고비는 일주일 후에 지급한다는 계획이었다. 그녀의 제안이 받아들여졌다. 그날부터 그녀는 신발이 닳을 정도로 뛰어다니기 시작했다. 낮에는 광고주들을 만나 광고 문안 작성에 관해 이야기를 듣고 밤에는 광고 카피를 생각하여 광고를 제작했다.

그 여인의 인생 키워드는 바로 '광고'였다. 인생이 고달프고 힘들 때 재능을 찾아서 살린 광고가 그녀의 인생을 새롭게 보여주었다. 그 여인이 5천 달러의 빚을 갚은 것은 물론이다. 이후 2007년에 세상을 떠날 때까지 60년 동안이나 유명한 광고대행업자이자 작가로, 기업에서 하루 동안 강의하면 강사비를 10만 불이나 받는 유명 강사로 살았던 이 여인의 이름은 도티 월터스(Dottie Walters)이다(강현구 지음, 「가슴 뛰는 삶」, 쌤앤파커스 펴냄, 42-47쪽).

절박한 상황이었지만 하나님이 주신 지혜와 아이디어로 이 여인은 인생의 새로운 전기를 마련했다. 전에 이 이야기를 처음 접했을 때 소름이 돋을 정도로 전율이 느껴졌다. 어쩌면 열왕기하 4장에 나오는 여인의 이야기와 도티 월터스의 인생이 그렇게도 정확하게 들어맞을 수 있단 말인가? 도티 월터스에게도 두 아들이 있었고, 빚을 지고 있었다. 성경에 나오는 여인처럼 도티 월터스도 빌려온 '남의 그릇'(신문사의 광고란)에 자신에게 유일하게 남은 '기름'(글쓰기 능력)을 붓고 또 부었다. 단 하나, 성경에 나오는 여인의 남편은 죽었고 도티 월터스에게는 남편이 살아 있었다는 점만 다를 뿐이었다.

결국 이 이야기의 핵심은 말씀이 비전의 원천이라는 점이다. 중고등부 학생들, 대학청년부 청년들에게 비전과 직업 선택에 대해서 강의할 때 나는 이 이야기를 꼭 들려준다. 그리고 말씀 속에서 비전을 발견하라고 강조한다. 이 이야기는 성경을 우화적으로 해석하거나 문자적으로 짜 맞추어 비전을 만들어내라고 억지를 부리는 것이 아니다. 하나님이 평소에 우리가 읽고 듣고 암송하는 말씀을 통해서도 인생의 소명을 발견할 수 있게 하신다는 점을 배울 수 있다.

재판을 잘하는 왕이 될 수 있도록
듣는 마음을 주소서!

비전과 관련해서 가장 자주 하는 오해는 비전과 목표를 혼동하는 것이다. 우리가 세상에서 살아가며 늘 만나는 우리의 학교와 직장동료들은 어떤 인생의 목표를 가지고 살아가는가? 돈을 많이 벌고 승진해서 명예를 누리며 가정의 행복을 추구하는 인생의 목표를 가지고 있지 않던가? 그렇다면 우리 크리스천이 그런 목표를 가져도 좋은가? 세상에서 무언가 추구하며 살아간다는 점에서 다르지 않은데도 크리스천과 넌크리스천이 구별되는 점은 무엇인가? 세상 사람들은 돈을 벌고 명예를 얻는 것이 인생의 목표인데 그 이후가 없다는 것이다. 그것 자체로 만족한다.

그러나 우리 크리스천에게는 돈과 명예와 지위가 인생의 끝이 아니라 수단일 뿐이다. 그 목표를 수단으로 삼아 궁극적으로 이룰 것이 있다. 그것이 바로 하나님이 주신 비전이다. 이 사실을 모르고 세상 사람들처럼 그럴듯한 목표 추구에만 만족하는 사람이 있다면 그는 하나님의 비전과는 거리가 먼 사람이다.

가만히 생각해보라. 요셉이 어릴 때부터 뭇사람들이 존경하는 높은 지위에 오를 것이라는 꿈을 꾸었는데, 과연 애굽의 실권 일인자인 총리대신이 되었을 때 그것이 곧 그의 인생의 비전을 이룬 것이었는가? 아니다. 요셉은 분명히 알고 있었다. 하나님이 자신을 그 높은 지위에 올리신 것은 인생의 목표였다. 그러면 그 목표를 수단으로 하여 이룰 비전은 무엇이었는가? 요셉 자신이 진술한다. 이스라엘 백성들을 기근으로부터 보호하고, 애굽에서 후손들을 번성하게 하려는 것과 세계만방에 하나님의 통치를 나타내 보이시는 비전을 이루기 위해 하나님은 요셉을 애굽으로 보내셨다(창 45:7-8).

이런 의미에서 우리 크리스천의 비전은 누구에게나 분명하다. 하나님 나라를 위해서 자신의 직업분야에서 일하여 하나님 나라가 임하게 하는 일이다. 전업주부도 일하는 사람으로 본다면 비전을 세우는 일에 예외가 될 사람은 없다. 하나님 나라의 확장을 위해서 직업을 통해 일하는 자체가 우리의 비전이고, 삶을 통해서나 입을 열어서 전도하는 일 또한 우리의 비전이다. 이런 비전은 우리가 평생 추구할 인생 소명이다. 또한 하나님이 계획하신 나의 인생을 찾아가는 과정이기도 하다. 이 비전을 한 문장으로 만들어볼 필요가 있다. 어떤 분야에서 하나님 나라를 확장하면서 살아갈지 적어볼 수 있다.

이런 비전기도의 대표적인 사례를 솔로몬왕에게서 찾아볼 수 있다. 솔로몬은 왕위에 오른 후 기브온 산당에서 제사를 드렸다. 꿈에 하나님이 나타나 솔로몬에게 소원을 말하라고 하시자 솔로몬은 이렇게 기도했다. "나의 하나님 여호와여 주께서 종으로 종의 아버지 다윗을 대신하여 왕이 되게 하셨사오나 종은 작은 아이라 출입할 줄을 알지 못하고 주께서 택하신 백성 가운데 있나이다. 그들은 큰 백성이라 수효가 많아서 셀 수도 없고 기록할 수도 없사오니 누가 주의 이 많은 백성을 재판할 수 있사오리이까. 듣는 마음을 종에게 주사 주의 백성을 재판하여 선악을 분별하게 하옵소서"(왕상 3:7-9).

솔로몬은 자신이 평생 이루어야 할 비전(그의 이름대로 이스라엘과 세상에 선포하는 샬롬)이 무엇인지 잘 알았다. 아버지 다윗왕이 평생 추구한 그 비전을 이루기 위해 자신이 이스라엘의 왕이 되었다는 것을 알았고, 그 책임을 다하기 위해 리더십을 발휘하고 재판을 잘하기 위해 경청하는 지혜가 필요함을 알았다. 이렇게 자신의 비전과 사명을 분명하게 알고 그에 필요한 지혜를 구했으니 솔로몬의 기도가 하나님의 마음에 쏙 들 수 있었다(왕상 3:10).

솔로몬은 기브온 산당에서 했던 이 비전기도를 평생 단 한 번만

했을까? 아마 두루마리에 적어서 집무실에 걸어놓았을 듯하다. 이후에 솔로몬이 초심을 잃은 점은 안타깝다. 그렇기에 우리는 솔로몬의 실패는 반면교사로 삼아야 하지만 솔로몬의 비전기도는 꼭 배워야 한다. 자신만의 기도문을 작성해보라. 비전의 기도, 소명의 기도를 작성하는 것이다. 하나님이 우리를 부르신 소명을 인식하고, 하나님 나라를 이 땅에 임하게 하기 위한 일부분 역할을 담은 비전을 설정할 수 있다. 그 비전을 이루기 위해 주어진 사명을 다하려는 자기 계발이나 구체적인 전략이 담긴 기도를 표현할 수 있다. 이제 비전과 소명을 이루기 위한 비저너리의 구체적인 전략을 생각해보자.

요즘 우리 사회에서 '끼'라는 말은 연예인의 타고난 자질이나 연애가 헤픈 남녀의 바람기를 속되게 이르는 표현만으로 쓰이지 않는다. 특히 천부적인 직업적 자질을 표현하거나 나아가 '남들과는 뭔가 다른 이미지를 나타내는 그 사람의 풍모나 품성'을 뜻하기도 한다.

그렇다면 크리스천의 끼는 '경건' '믿음' 혹은 '신앙 인격'이라고 표현할 수 있겠다. 우리는 누가 봐도 인정할 만한 크리스천다움의 영성을 가져야 한다. 특히 교회 밖에서 우리 크리스천들은 경건한 크리스천의 끼를 드러낼 수 있어야 한다. 소명의 사람, 비전의 사람은 교회 안에서만이 아니라 특히 교회 밖 세상에서 남다른 끼를 보인다.

빼앗기면서도 지식을 얻어
결국 성공하는 남다름

타향에서 이주해온 후 객지생활을 하는 와중에 가뭄의 어려움을 겪으면서 고군분투했던 사람이 있다. 바로 아브라함의 아들 이삭이었다. 이삭은 비록 어려움을 겪었지만 비전의 사람이고 소명의 사람이었다. 가뭄이 들었을 때 애굽으로 내려갈 계획을 세웠지만 하나님은 이삭에게 그 땅에 머물러 있으라고 하셨다. 하나님이 말씀하셨다.

"이 땅에 거류하면 내가 너와 함께 있어 네게 복을 주고 내가 이모든 땅을 너와 네 자손에게 주리라. 내가 네 아버지 아브라함에게 맹세한 것을 이루어 네 자손을 하늘의 별과 같이 번성하게 하며 이모든 땅을 네 자손에게 주리니 네 자손으로 말미암아 천하 만민이 복을 받으리라"(창 26:3-4).

하나님은 아브라함에게 주셨던 언약을 그대로 이삭에게 말씀하셨다. 하지만 현장은 쉽지 않았다. 시비는 블레셋 사람들이 먼저 걸었다. 선친 아브라함 때 팠던 이삭의 우물을 흙으로 메우고는 떠나라고 했다. 이삭이 그랄 지방에 온 이후에 아내를 누이라고 거짓말했던 일이나 농사를 지어 백 배나 소출을 얻는 성공을 거둔 일로 미움받았기 때문이다.

그래서 이삭은 그랄 골짜기로 쫓겨갔다. 여건이 좀 더 안 좋은 곳이 틀림없었다. 거기서 살아가기 위해 우물을 팠다. 마침 전에 선

친이 팠던 우물터가 있어서 그 우물을 다시 팠는데 감사하게도 물이
나왔다.

그런데 그 땅에 사는 그랄의 목자들은 그 물이 자기들 것이라고
했다. 당연히 이삭은 화가 났다. 이삭의 고민과 아픔에 공감할 수 있
는가? 비가 많이 오지 않는 지역이고 유목을 하는 그들에게 있어서
물은 곧 생명이었다. 물을 확보하지 못하면 짐승들은 목말라 죽을
수밖에 없었다. 사람인들 견디기 쉬웠겠는가?

그런데 이삭은 물러났다. 그 우물에 '에섹'(다툼)이라는 이름을
붙이고 물러났다. 속이 쓰렸을 것이다. 그러나 그 지역에서 자신은
이방인이고 소수이니 어쩔 수 없었다. 다른 곳으로 옮겨가서 다시
우물을 팠더니 또 물이 나왔다. 얼마나 감사한 일인가! 하나님의 은
혜가 틀림없었다. 그런데 또 그랄의 목자들이 그 우물을 자기들 것
이라고 우겼다.

그래서 이삭은 그 우물의 이름을 '싯나'(대적함)라고 짓고는 또
물러났다. 다른 곳으로 옮겼는데 그곳은 여건이 더 좋지 않았을 텐
데 또 물이 나왔다. 그제야 그랄의 목자들이 더는 덤비지 않았다. 아
마도 목초지와 거리가 멀었거나 효용가치가 적으니 더는 빼앗기를
포기했을 가능성이 크다. 그래서 이삭은 그 우물을 '르호봇'(장소가
넓음)이라고 이름 지었다. 하나님이 넓게 하셨으니 이제 그곳에서
번성을 누리자는 뜻으로 하나님 은혜에 감사하는 일종의 간증을 우
물의 이름에 담았다.

치열한 비즈니스 현장에서 경쟁에 내몰리고 생존에 허덕이는 현

실을 생각할 때 우리는 이삭의 마음을 충분히 읽을 수 있다. 생존 그 자체인 우물을 계속 빼앗길 때 이삭은 매우 화가 났을 것이다. 그런데 어떻게 해보지도 못하고 그저 울분을 삭일 수밖에 없었다.

물론 온유한 자는 복이 있어서 땅을 기업으로 받는다는 예수님의 말씀을 우리는 잘 알고 있다(마 5:5). 그러나 비즈니스 현장에서 온유하기만 하면 하루아침에 땅을 얻기란 현실에서는 쉽지 않다. 복잡하고 쉽지 않은 과정을 거쳐야 한다. 그 과정을 견뎌내면서 크나큰 심적 고통과 좌절을 겪을 수 있다. 몸이 상할 수도 있다. 이삭도 그냥 물러난 것 같지는 않다. 아마도 밤마다 울부짖으면서 기도하지 않았을까 생각해본다. 가족들에게 짜증을 냈을지도 모른다. 생존에 직결되는 문제를 그저 마음 좋은 사람인 척 포기하기는 쉽지 않았다.

이삭의 이름 짓기 속에 담겨 있는 그의 기분이 느껴지는가? 에섹보다 두 번째 빼앗긴 싯나에 더 견디기 힘든 마음이 담겨 있다. 하나님의 뜻을 찾지도 않았다. 그들이 원수라고 적대의 감정을 고스란히 드러내면서 우물의 이름을 지었다. 르호봇이라고 이름 지었던 우물에서나 겨우 '하나님'이라는 표현이 나온다. 이삭의 마음에 담긴 '분노'의 감정을 우리도 충분히 느낄 수 있다.

그런데 이렇게 치열한 비즈니스 현장에서 참아내는 이삭의 모습이 바로 '크리스천 끼'이다. 남다른 성공의 비결을 여기서 발견할 수 있다. 생각해보라. 이 치열한 비즈니스 투쟁에서 과연 누가 이겼는가? 우물은 파지 않고 빼앗기만 한 블레셋 사람들이 이겼는가? 죽

쒀서 개 주듯이 우물을 파서 계속 빼앗기는 이삭의 사람들이 이겼는 가? 1년 후에 이긴 사람은 누구였는가? 그리고 10년 후에 결국 이기 는 사람은 누구였을까? 누가 과연 비즈니스 지식을 얻었겠는지 생 각해보라. 이삭의 사람들이 우물을 파놓기만 하면 빼앗은 블레셋 사 람들이 얻은 지식은 무엇이었는가? '남의 우물 잘 빼앗는 일곱 가지 방법'이라는 제목의 책이라도 한 권 쓸 수 있었을까?

그런데 그 척박하고 건조한 땅에서 여건이 좋지 않은 곳으로 내 몰렸지만 계속해서 우물을 팠던 '이삭 지하수(주)' 사람들은 무엇을 얻었을지 생각해보라. 그들은 각기 다른 환경에서 수맥을 찾아 물을 얻는 요긴한 지식을 얻었다. 실패한 것 같지만 선친 때 팠던 우물을 복원했던 '에섹 모델'이 있다. 새로운 환경에서 물을 얻었던 '싯나 모델'이 있다. 그곳에서 얻은 물은 특허 등록을 할 수 있는 것이었 다. 또한 더 멀리 쫓겨가서 물을 얻었던 르호봇 우물은 우물 파는 신 기술을 입증하는 획기적 쾌거였다. 블레셋 사람들이 아예 덤비지도 않을 정도로 척박한 주변 환경이었다. 우물이 제대로 사용되기도 힘 든 곳에서도 물을 얻는 기술을 이삭의 사람들은 터득할 수 있었다. 그러니 이 치열한 비즈니스 전쟁터에서 과연 누가 이긴 것인가?

하지만 이삭은 그랄 지방을 떠나 브엘세바라는 곳으로 옮겨갔 다. 아예 그랄 사람들과 상종하지 않으려고 30km 떨어진 곳으로 피 했다. 그런데 무던히도 이삭을 괴롭히던 아비멜렉이 친구와 군대장 관까지 대동하고 브엘세바까지 와서는 화해를 청했다. "여호와께서 너와 함께 계심을 우리가 분명히 보았다"라고 고백이 담긴 칭찬을 하면서 계약을 맺자고 했다.

그런데 평화조약을 맺고 그들을 돌려보낸 바로 그날에 이삭의 종들이 와서 보고했다. "우리가 물을 얻었나이다"(창 26:32). 과거 어려운 시절에 고생고생하면서 실패한 듯한 에섹 모델, 싯나 모델, 르호봇 모델이라는 성공 모델들을 가지고 있으니 이렇게 어딜 가나 성공할 수 있었다. 다른 지방으로 이주했는데 거기서도 또 물을 얻었다. 고생스러운 시절에 만들어놓은 성공의 지식이 습관처럼 반복되고 있다. 이것이 진정한 축복이다. 결국 성공하는 크리스천의 비즈니스 방법이다.

이삭이 자신의 비즈니스 성공에 대해 이름을 붙였다. '브엘세바.' 여기서 '세바'는 '일곱'이라는 뜻도 되고 '맹세'라는 뜻도 있다. 맹세를 한 날에 판 우물이라는 뜻도 되겠고 또 일곱 개나 우물이 충분하게 나왔다는 것을 알 수 있다. 이렇게 성공이 습관이 되고 있다. 이삭의 성공이 고유명사가 되었다. 그의 비즈니스 성공이 마치 프랜차이즈 같아 보이지 않는가? 많은 사람이 계약하고 판매 권리를 사 가는 체인사업처럼 성장해 나가는 것 같다. 이삭이 실패한 것처럼 보이는 상황에서 참아내며 남다른 끼를 드러냈더니 결국 이런 놀라운 성공을 이룰 수 있었다.

이익 앞에 눈이 어두워지지 말고
차라리 손해를 보라

우리 크리스천들이 세상에서 이렇게 남다른 인내와 진실함으로 살아가면 주변 사람들이 감동한다. 물론 그 과정에서 손해 볼 수도 있고 실패할 수도 있다. 성공의 사례보다 실패하는 경우가 더 많은 현실이다. 많은 고난을 감수해야 하는 때도 있다. 그런데 이렇게 '결국' 성공하는 모습이 사람들에게 감동을 줄 수 있다. 당연히 하나님께도 영광을 돌릴 수 있다. 이런 삶을 실천한 사람들의 이야기를 통해 우리는 용기를 얻고 크리스천의 남다른 성공 방법을 배울 수 있다.

일본의 크리스천 작가 미우라 아야꼬가 세상 속 크리스천의 남다름을 보여주는 자신의 이야기를 들려준다. 미우라 아야꼬는 초등학교 교사로 재직하다가 퇴직하고 결핵에 걸려 요양원에 들어가게 되었다. 거기서 어린 시절의 소꿉친구를 만났고 연인이 된 그에게 복음을 전해 들은 아야꼬는 회심했다. 안타깝게도 연인은 결국 세상을 떠났고 아야꼬만 살아남았다. 요양원을 나온 후 함께 문학활동을 하던 미우라 미쓰요 씨와 결혼한 아야꼬는 남편과 함께 작가의 길을 가려고 했으나 생계를 유지하기 힘들었다. 미우라 씨 부부는 동네에 조그만 잡화점을 열어 함께 장사를 시작했다. 그런데 장사가 너무나 잘되었다. 새벽부터 밤늦은 시간까지 앉아 있을 틈이 없을 정도로 바빴고 부부가 장사 외에 다른 아무것도 할 수 없을 정도였다.

그런데 몇 개월 지나지 않아서 길 건너편에 미우라 씨 부부와 같은 잡화점을 연 동네 사람이 있었다. 히트상품 뒤에 아류 상품들이 나오고, 어떤 업종이 잘되고 있다고 여겨지면 사람들이 몰리는 현상은 어디나 마찬가지인 모양이다. 하지만 미우라 씨네 잡화점만 장사가 잘되고 건너편의 잡화점은 손님이 적었다.

어느 날, 남편 미우라 씨가 아내에게 말했다.

"길 건너편의 저 집은 학교 다니는 아이들도 있어서 돈도 많이 들어갈 텐데 장사가 잘 안되니 우리가 좀 도와줍시다."

무슨 이야기인가 아야꼬가 묻자, 남편이 대답했다.

"우리 가게에 물건을 좀 덜 갖다 놓으면 손님들이 그 물건을 찾을 때 저 집에 가서 사라고 추천을 해줄 수 있지 않겠소."

남편의 엉뚱한 말을 들은 아야꼬는 말도 안 된다며 펄쩍 뛰었다. 하지만 가만히 생각해보니 남편의 말이 옳았다. 자신은 평생 잡화점을 할 것도 아니고 작가가 되고 싶은 사람이었는데 장사에 너무 빠져 있었다. 결국 아야꼬는 남편의 말을 따랐다. 그러자 남편의 말대로 건너편 가게도 장사가 되기 시작하면서 미우라 씨 부부는 여유가 생겼다. 그래서 평소에 하고 싶던 글을 쓸 수 있었다. 마침 〈아사히신문〉에서 장편소설 공모가 있었는데 준비한 글 소재를 가지고 소설을 써서 응모할 수 있었다. 이 공모에 미우라 아야꼬가 당선되었고, 그 소설이 바로 유명한 「빙점」이다.

결국 손해 본 것이 아니었다. 나 혼자만이 아니라 함께 살 방법을 찾은 미우라 씨 부부는, 결국 크리스천의 남다른 끼를 보여주었다. 물론 미우라 씨 부부가 한 일은 비즈니스 전략의 관점으로 보면 문제가 있었다. 자본주의 경제체제는 건전하고 공정하게 경쟁해야 하는데 미우라 씨 부부의 행동은 일종의 '담합'이라고 볼 수 있다. 그러나 함께 살아간다는 크리스천다운 사고방식을 가지고 대응한 것은 분명하다. 나만 돈을 많이 벌기보다 다른 사람들을 배려하고 함께 살아가는 방법을 모색하는 일이야말로 누구도 생각하기 힘든 남다른 끼가 아니겠는가? 이런 남다름은 자본주의의 가치를 훌쩍 뛰어넘는 고상한 생각이 아닐 수 없다.

미우라 아야꼬는 바로 그 경험을 통해 전업작가의 길로 들어설 수 있었는데 나중에 이런 말을 했다. 명언집에도 실릴 정도로 널리 알려진 말이다.

"어떻게 해야 좋을지 모를 때는 자신에게 손해가 되는 쪽을 선택하는 게 낫다. 자신에게 득이 되는 일과 마주치면 인간은 시험받게 된다. 이익을 봤다고 기뻐하다 보면 잘못된 생각을 하게 된다. 인간은 이익 앞에서 눈이 어두워지는 법이다."

아마도 미우라 아야꼬의 이 말은 과거 작가가 되기 전에 잡화점을 열어서 경험했던 앞의 일화를 계기로 얻은 교훈일 듯하다. 치열한 비즈니스 현장에서 일하는 사람들에게 어울리지 않는 이야기라고 치부할 수도 있다. 하지만 우리가 세상에서 이런 남다른 끼를 보여주면 사람들이 감동하게 된다. 이런 사례가 쌓이다 보면 그것이 모델이 되고, 그러면 세상이 조금씩 달라질 수 있다.

돼지 다섯 마리와 바꾼
크리스천의 남다른 정체성

중국 티베트 지방에서 한센병 환자들을 돌보는 김요석 목사님이 들려주는 이야기에서도 크리스천다운 남다른 끼로 사람들을 감동하게 하고 정체성을 드러낸 한 그리스도인의 모습을 볼 수 있다. 김요석 목사가 한센병 환자들이 거주하는 남도의 한 마을의 교회를 섬길 때의 이야기다. 이웃 마을에서 양 씨 성을 가진 한 사람이 교회에 나오게 되었다. 그는 초신자였는데 불교가 지배적인 동네에서 홀로 교회에 나오면서 동네 사람들의 따가운 시선을 받았다.

어느 날 저녁, 양 씨가 김요석 목사를 찾아왔다. 화가 나 씩씩거리는 그의 말을 들어보니 그날 오후 양 씨 집의 어미 돼지 다섯 마리가 우리를 뛰쳐나가 소를 키우는 옆집 김 씨의 채소밭을 망쳐놨다는 것이었다. 손해배상을 해주겠다고 했는데 김 씨는 곧 새끼를 낳을 모돈(母豚) 다섯 마리를 양 씨가 자기에게 줘야 한다고 강짜를 부렸다고 했다. 사태를 파악한 김요석 목사는 양 씨에게 말했다.

"그 옆집 사람은 형제님을 시험해보려고 그러는 것 같아요. 그 사람은 형제님이 마구 흥분하고 화내기를 바랄 거예요. 그렇게 되면 예수님을 믿는 사람이 얼마나 형편없는지 온 동네 사람들에게 보여줄 수 있으니까요. 그러니까 그렇게 하지 못하게 하려면 그가 원하는 것을 모두 다 주셔야 합니다. 큰 손해를 입게 되더라도 걱정하지 마십시오. 하나님이 더 많은 것으로 갚아주실 겁니다."

사실 목사들이 이렇게 대책 없는(?) 이야기를 종종 하긴 한다. 곧 새끼를 낳을 돼지 다섯 마리가 돈이 얼만데 이런 말을 하는가? 여하튼 양 씨는 시무룩한 표정으로 고개를 푹 숙이고 돌아갔다. 나중에 소문을 들으니 양 씨가 돼지 다섯 마리를 전부 이웃의 김 씨에게 주어버렸다. 동네 사람들은 이웃 간에 모질게 구는 김 씨를 비난했고 양 씨가 혹시 미친 것 아니냐고 비웃는 사람들도 있었다. 물론 그 이웃집 김 씨가 가장 놀란 것은 당연했다.

그 후 어느 가을날 밤, 양 씨가 또 김 목사를 찾아와서 말했다.

"목사님, 전에 제가 목사님의 말씀을 따르기는 했지만 사실 속으로는 굉장히 분했습니다. 그런데 오늘 엄청난 일이 벌어졌지 뭡니까? 글쎄 옆집에서 키우는 소 일곱 마리가 우리 집 밭에서 채소를 뜯어 먹고 있는 겁니다. 제 눈을 믿을 수가 없었어요. 그런데 옆집 김 씨가 그걸 보고 양심의 가책을 받았는지 저한테 와서 난처한 얼굴로 이러는 겁니다. '양 씨, 어떻게 배상해야 할까?' 처음 생각 같아서는 그 소 일곱 마리를 냅다 끌어오고 싶었지요. 하지만 목사님께 먼저 여쭈어봐야 할 것 같아서 이렇게 달려왔습니다. 목사님, 이제 제가 이겼지요? 그렇지요? 돼지 다섯 마리에 소 일곱 마리라니요? 목사님 말씀대로 하나님은 정말 제가 잃은 것보다도 더 많이 주신 것이지요? 그렇지 않습니까?"

양 씨의 얼굴에는 큰 이익을 얻으리라는 기대가 넘치고 있었다. 하지만 목사는 이런 때에 대응을 잘해야 한다. 보통 목사들은 세상 물정을 잘 모르기 때문에(?) 이런 때도 용감하다.

"사랑하는 형제님, 형제님은 예수님을 믿는 사람입니다. 악을 악으로 갚지 마십시오. 앙갚음하려는 마음을 버리시고 그분에게 용서하는 마음을 보여주십시오. 형제님이 하나님의 뜻에 순종할 때 하나님은 더 좋은 것으로 갚아주시는 분임을 알게 될 겁니다."

아니 이번에 갚아주신 소 일곱 마리 말고 앞으로 더 크게 갚아주신단 말인가? 양 씨의 얼굴이 갑자기 침울해졌고 맥 빠진 모습으로 돌아갔다. 그런데 다음 날 아침, 양 씨는 신이 난 표정으로 다시 김 목사를 찾아왔다.

"목사님 말씀이 또 맞았어요! 하나님이 정말 더 풍성하게 주셨어요. 어제 목사님이 말씀하신 대로 옆집 김 씨에게 아무런 배상도 받지 않겠다고 했거든요. 그런데 오늘 그 사람이 돼지 수십 마리를 끌고 우리 집에 왔지 뭡니까? 그러면서 이렇게 말했어요. '이 돼지 전부 자네 걸세. 내가 자네 때문에 지난 밤에 한숨도 못 잤어. 지난 일로 틀림없이 화가 잔뜩 났을 텐데 왜 내 소들을 달라고 하지 않느냐 말이야? 내가 그걸 생각하느라 머리가 다 빠개지는 줄 알았어. 자, 자네 돼지가 낳은 새끼들까지 가져왔으니 다 가져가게. 그리고 이제부터는 이웃끼리 잘 지내보세.'"

양 씨 자신도 상상 못 한 일을 겪으면서 기쁨에 겨워 목사님에게 달려왔다.

"목사님, 생각해보세요. 별안간에 이렇게 많은 돼지를 되돌려 받은 것도 굉장하지만, 지금까지 옆집에서 그놈들을 먹인 사료를 생각하면 정말 하나님이 제가 손해 본 것보다 훨씬 더 많이 주셨지 뭡니까? 이제 저는 확실히 하나님을 믿어요! 그런데 목사님, 이것보다 더 좋은 일이 뭔지 아십니까?"

기분 좋아 싱글벙글하던 양 씨의 표정이 진지해졌다.

"마을 사람들이 우리를 예수님을 믿는 사람으로 인정하게 된 겁니다. 이거야말로 하나님께 받은 최고의 선물이 아니겠어요?"

이름도 정확히 알 수 없는 양 씨 성도는 얼마나 남다른 크리스천의 끼로 이웃 사람들을 감동하게 했는가? 예수님을 믿지 않던 이웃 김 씨뿐만 아니라 그 동네 사람들은 크리스천이 과연 어떤 정체를 가지고 살아가는지 자신들의 눈으로 분명하게 보았다. 양 씨는 행동으로 크리스천다움을 보여주었다. 예수님이 산상수훈에서 강조하신 말씀을 제대로 이루었다. "이같이 너희 빛이 사람 앞에 비치게 하여 그들로 너희 착한 행실을 보고 하늘에 계신 너희 아버지께 영광을 돌리게 하라"(마 5:16).

결국 이런 '착한 행실', 즉 삶으로 보여주는 실천이 진정한 크리스천 끼이다. 세상과 일터에서 만나는 우리의 이웃과 동료들은 우리가 이 정도로 희생하며 자기들에게 실제적인 이익을 가져다주기 전에는 결코 감동하지 못한다. 참 야속하긴 한데 하나님은 우리가 그런 이타적이고 고귀한 삶을 살아가기 원하신다. 그래서 크리스천답게 사는 삶이 쉽지 않다. 그러나 불가능하지는 않다. 당장 눈앞의 상황에만 집착하지 말고 손해 보고 양보하며 기다리면 좋은 결과를 얻을 수 있다. 결국 실행이 관건이다. 비전의 사람이 소명을 이루어가기 위해서는 실천이 반드시 따라야 한다.

소명 실천으로 완성하는
우리 시대 종교개혁

비전을 품기만 하면 그 비전을 다 이루는가? 만약 그랬다면 세상에는 꿈을 성취한 사람들이 많았을 것이다. 실천과 실행이 중요하다. 실행 없는 비전은 비극이다. 하나님의 소명을 따라 산다면 반드시 실행해야 한다. 어떻게 실천할지 그것이 문제이다. 성경에도 '행하라'는 말씀이 자주 반복되고 있다. 구약성경뿐만 아니라 신약성경에서도 자주 '행하라'고 강조하고 있다. 예수님이 하나님 나라 시민의 삶에 대해 말씀하신 산상수훈(마 5-7장)에서도 '열매'로 사람을 알 수 있다고 결론지으신다. 예수님은 말씀을 듣고 행하는 자는 든든한 기초 위에 집을 지은 사람과 같고, 행하지 않는 자는 모래 위에 집을 지은 어리석은 사람과 같다고 비유하면서 말씀대로 하는 실행을 강조하셨다.

본래 기독교의 핵심은 행함이 아니라 은혜로 얻는 구원이다. 선물로 받은 구원인데도 이렇게 행하라고 반복해서 강조하는 이유는 무엇일까? 물론 착한 일을 한다고 구원에 이르지 못한다. 기독교에서 말하는 참된 구원은 행위를 통한 구원이 아니다. 하지만 은혜로 구원을 받은 사람이라면 행동하게 되어 있다. 사도 바울도 이렇게 교훈한다. "너희가 전에는 어둠이더니 이제는 주 안에서 빛이라. 빛의 자녀들처럼 행하라"(엡 5:8).

비전의 성취를 위해 평생 노력하고
유산으로 계승한 다윗

들에서 양 치는 일을 하던 어느 날, 갑자기 선지자 사무엘에게 왕으로 기름 부음을 받았던 다윗은 틀림없이 어리둥절했다. 하지만 티끌과 양털이 붙고 헝클어진 다윗의 머리에 선지자 사무엘이 기름을 부은 후 다윗은 하나님의 영에게 크게 감동되었다. "사무엘이 기름 뿔병을 가져다가 그의 형제 중에서 그에게 부었더니 이날 이후로 다윗이 여호와의 영에게 크게 감동되니라"(삼상 16:13). 어린 나이였지만 이미 다윗은 왕이었다.

이스라엘의 초대 왕이 등극한 후 그 아들들에게 왕위가 이어지지 않고, 2대 왕인 다윗을 통해 다윗 왕조가 시작되었다. 그 중요한 시기에 다윗왕에게 주어진 비전은 무엇이었을까? 다윗의 비전은 국가의 초석을 굳게 하고 외적들, 특히 블레셋을 제압하여 나라를 안

정시키는 일이었다. 물론 다윗이 기름 부음을 받았던 때의 나이가 10대였다면 그가 유다 지파의 왕위에 오른 때가 30세이니, 10여 년의 세월 동안 다윗은 하나님이 주신 비전의 성취를 위한 말 못 할 고초를 겪어나가야 했다.

집안의 양 떼를 돌보는 일을 책임지면서도 사울왕의 악사 겸 비서로 일하며 투잡러로 살아야 했고, 아버지가 새로운 일을 맡길 때도 다윗은 한마디 불평도 하지 않고 일찍 일어나서 자신에게 주어진 일을 다 감당하기 위해 노력했다(삼상 17:20). 그에게는 인생의 목표가 분명했기 때문이다.

골리앗과 맞서 싸울 기회를 얻고, 결국 그를 물리쳐서 이긴 일도 다윗의 비전 성취의 한 과정이었다. 그 싸움을 준비할 때 다윗이 시냇가에서 물맷돌을 다섯 개 준비하여 다섯 거인을 다 상대하려 했던 것도 비전의 성취를 위한 노력이었다. 비전을 염두에 둔 다윗의 노력은 이후 왕이 된 후 세월이 많이 흐른 때까지 지속되었다.

사무엘하 21장에서 다윗왕이 거인 장수 이스비브놉과 맞서 싸운 상황을 묘사하는 시기는 다윗이 왕이 된 후 꽤 오랜 시간이 지난 때로 보인다. 다윗은 나이도 많았고 그때 매우 피곤했다. 그래도 전투에 직접 나서서 선봉에 섰고 적장 이스비브놉과 맞섰다. 여전히 블레셋의 거인 장수들을 물리쳐 이기는 일이 그의 비전을 성취하기 위한 중요한 사명이었기 때문이다. 결국 위기에 처한 다윗을 위해 아비새 장군이 나섰고 그가 적장을 죽였다. 부하들이 다윗왕에게 말했다. "왕은 다시 우리와 함께 전장에 나가지 마옵소서. 이스라엘의 등

불이 꺼지지 말게 하옵소서"(삼하 21:17). 이렇게 주군을 아끼고 충성을 다하는 신하들과 함께 다윗은 그의 평생 비전을 성취하기 위해 노력했다.

이런 윗사람의 솔선수범과 아랫사람의 충성심이 합해져서 어떤 결과가 있었는가? 이 사건 후에도 블레셋의 거인 장수 삽과 라흐미(골리앗의 아우), 그리고 손가락과 발가락이 여섯 개씩 있는 거인 장수가 죽었다. 성경은 말한다. "이 네 사람 가드의 거인족의 소생이 다윗의 손과 그의 부하들의 손에 다 넘어졌더라"(삼하 21:22).

평생에 걸쳐 다윗과 그의 신하들이 이렇게 이스라엘을 굳건하게 세우기 위한 비전의 성취를 위해 노력했다. 그래서 다윗왕의 아들 솔로몬의 시대에는 최대의 영토를 확보하고 평화 시기를 누릴 수 있었다. 인생의 비전은 이렇게 후손들에게 전달되어야 한다. 다윗이 가지고 평생 매진하던 비전은 아들 솔로몬에게도 전수되었다. 기브온 산당에서 일천번제를 드릴 때 솔로몬은 자신의 비전기도를 분명하게 하며, 아버지가 한 일을 이어 백성들을 다스려야 하는 자신의 소명을 잘 알고 있었다.

"나의 하나님 여호와여 주께서 종으로 종의 아버지 다윗을 대신하여 왕이 되게 하셨사오나 종은 작은 아이라 출입할 줄을 알지 못하고 주께서 택하신 백성 가운데 있나이다. 그들은 큰 백성이라 수효가 많아서 셀 수도 없고 기록할 수도 없사오니 누가 주의 이 많은 백성을 재판할 수 있사오리이까. 듣는 마음을 종에게 주사 주의 백성을 재판하여 선악을 분별하게 하옵소서"(왕상 3:7-9).

아울러 다윗에게 볼 수 있는 비전 성취의 과정은 성전을 건축하려는 열정을 통해서도 확인할 수 있다. 상징적으로 하나님이 임재하시는 영광의 장소인 성전을 건축하기 위해 다윗은 많은 준비를 하였다. 성전을 지어 하나님께 영광을 돌리는 일이 그의 인생의 비전을 성취하는 중요한 한 부분이라고 생각했다. 그러나 하나님은 다윗이 전쟁을 하느라 피를 많이 흘려서 성전을 건축하지 못한다고 하셨다(대상 22:8). 하나님의 말씀은 다윗의 마음에 박힌 대못과도 같았다. 왜 다윗이 내내 전쟁을 했는가? 나이 많고 피곤해도 블레셋의 거인 장수와 맞서야 했는가? 하나님이 주신 비전을 성취하기 위한 일이었다. 그런데도 하나님의 성전을 건축하기 원하는 열정을 인정받지 못했다.

그러나 다윗은 하나님이 말씀하신 대로 성전을 건축하는 일은 아들 솔로몬의 몫으로 알고 자신의 비전에 대한 이해를 새롭게 하였다. 내가 못 하면 자녀들이 하고 후배들이 하게 해야 하는 것이 진정한 비전이다. 나 혼자 모든 것을 다할 수도 없을뿐더러 하나님이 그렇게 하도록 두시지도 않는다. 다윗은 아들의 몫이 된 성전 건축을 위해 자신이 할 수 있는 준비를 충분히 다해 주었다.

다윗은 그의 인생을 마치기 전에 성전을 위해서 자신이 준비한 것이 무엇인가 이야기하며 아들 솔로몬에게 성전을 잘 지으라고 권하고 있다. 이 유언의 내용을 살펴보면 우리가 우리 인생의 비전을 성취하기 위해 준비할 인생의 자원들이 무엇인지 확인할 수 있다(대상 22:14-19).

우선 다윗이 성전을 건축하기 위해 준비한 것은 재물이었다. 다윗은 엄청난 양의 금과 은과 놋과 철과 목재와 돌을 준비했다. 금만 10만 달란트에 훨씬 많은 다른 재료를 준비하였다.

두 번째로 준비해야 할 것은 능력이다. 다윗은 성전을 짓는 데 필요한 각 분야의 장인들, 즉 석수와 목수 등의 전문가들이 준비되었다고 말한다. 비전을 이루기 위해서는 능력이 필요하다. 많은 재료가 준비되었으니 이제 일어나 일해야 하는데 능력이 없다면 제대로 성전을 건축할 수 없다. 그래서 다윗은 능력을 준비해야 한다고 말한다.

세 번째로 준비할 것은 사람이다. 다윗은 문무백관들을 향해 솔로몬을 도우라고 부탁했다. 비전을 이루는 일은 혼자서 할 수 있는 것이 아니다. 다윗에게 비전을 함께 이루어갈 사람들이 있었던 것처럼 솔로몬에게도 성전을 건축하며 이스라엘을 이끌어갈 사람들이 필요했다. 이런 '사람들'이야말로 비전 성취를 위한 중요한 자원이 아닐 수 없다.

마지막으로 비전 성취를 위한 중요한 자원은 바로 믿음이다. 다윗은 자기 아들 솔로몬과 함께 뒷날을 책임져나갈 신하들에게 부탁했다. 그들에게 하나님 여호와를 구하라고 말했다. 하나님을 전적으로 신뢰하는 믿음을 가지라는 당부였다. 우리의 인생을 어떻게 사느냐 하는 문제에서 이 명쾌한 정답만큼 단순하면서도 분명한 해답이 있을까? 하나님 의지하기, 이것은 우리가 가진 돈과 능력과 인맥을 다 합한 것보다 더 중요하다. 그 모든 인생의 자원들이 다 있어도 하

나님을 의지하는 믿음이 없으면 그 사람은 하나님이 손뼉 쳐 주시는
성공은 하기 힘들다. 다윗처럼 우리도 하나님이 주신 비전의 성취를
위해 노력해야 한다.

치밀하게 준비한
플레잉 비저너리 느헤미야

　　　　　하나님이 주신 꿈을 성취해가는 비저너리를 다룬 느헤
미야 1장에서 우리는 비저너리의 덕목 세 가지(3P)를 발견할 수 있다.
첫째는 안목(Perspective)이다. 말과 행동을 유발하는 안목과 생각이
중요하다. 둘째는 사람(People)이다. 진정한 관심사가 무엇인가, 비
전의 목표가 무엇인가 생각해야 한다. 셋째는 기도와 계획(Prayer &
Plan)이다. 비전을 실행하기 위해 기도하며 계획하고 행동해야 한다.
　먼저 비저너리는 바른 안목을 가져야 한다. 느헤미야가 성공할
수 있었던 중요한 요인 하나는 바로 그가 가진 분명한 역사의식이었
다. 느헤미야의 역사 인식은 왜 유다 백성들이 그렇게 고통받고 있는
지 그 원인을 알았다는 점이 특징적이다. 느헤미야가 진단했다. '우
리 민족은 왜 망했는가?' 바로 이스라엘 백성의 죄 때문이었다는 지
적이다. "이제 종이 주의 종들인 이스라엘 자손을 위하여 주야로 기
도하오며 우리 이스라엘 자손이 주께 범죄한 죄들을 자복하오니 주
는 귀를 기울이시며 눈을 여시사 종의 기도를 들으시옵소서. 나와

내 아버지의 집이 범죄하여 주를 향하여 크게 악을 행하여 주께서 주의 종 모세에게 명령하신 계명과 율례와 규례를 지키지 아니하였 나이다"(느 1:6-7).

느헤미야는 자기 민족의 죄악이 마치 자기의 잘못인 듯 회개하고 있다. "하나님, 저의 사악한 죄 때문에 우리 민족이 망했습니다!" 바른 역사의식을 가진 사람은 책임을 회피하지 않는다. 이런 분명한 역사의식을 가진 사람이 긍정적인 사람이다. 유다 민족이 망한 원인이 죄 때문이니 하나님께 회개하여 용서받아야 문제가 해결된다는 사실을 느헤미야는 알고 있었다. 이것이 바로 문제를 제대로 풀어내는 긍정의 정신이다. 느헤미야가 보여주는 대로 이렇게 역사적 안목이 있는 사람이 자신의 성공에 대한 기대도 분명하고 그 근거도 확실하다(느 1:8-9).

세계사 속의 유대인들 역사를 보면 일찍이 페르시아 왕 고레스가 칙령을 발표해서 유대인들을 고국으로 돌아가게 했다. 그때가 BC 538년이었다. 스룹바벨의 인도 아래 1차 귀환을 했고, 79년이 지난 후(BC 459년)에 제사장 에스라가 유대인들을 이끌고 2차 귀환을 했다. 스룹바벨의 1차 귀환 후에는 하나님의 성전을 건축하고 유월절 제사를 회복하는 일이 있었고(스 5-6장), 에스라의 귀환 후에는 백성들의 타락을 극복하기 위한 회개와 개혁운동이 일어났다(스 7-10장).

그로부터 12년이 지난 때가 느헤미야 1장의 상황이다. 당시 느헤미야는 페르시아 왕 아닥사스다 1세의 측근인 궁정 관리로 일하고 있었다. 그러던 중 고국 유다에 다녀온 사람들로부터 예루살렘 성벽이 무너지고 성문이 불탔다는 비보를 들었다. 그 사실을 매우 가슴 아프게 생각한 느헤미야가 기도하며 준비하여 마침내 왕에게 허락을 얻고, 예루살렘에 총독으로 부임하여 성벽을 재건했다(BC 444년).

그런데 비록 조국이 망하기는 했지만 느헤미야는 포로로 잡혀간 사람 중에서 대단히 성공한 편에 속했다. 포로 귀환 때 일부는 고국으로 돌아가긴 했지만 페르시아에는 돌아간 사람들보다 더 많은 유대인이 정착해 살고 있었다. 그들 가운데서 느헤미야는 편안한 삶을 살 수 있었지만 자신의 비전을 분명하게 인식했다. 민족의 비전을 자신의 비전과 일치시켰다. 느헤미야는 현재의 삶에 만족하지 않았다. 그는 비록 고국으로 돌아가는 사람들의 대열에 합류하지는 못했지만 자신의 조국 이스라엘, 하나님의 백성들이 거하는 그 땅을 잊지 않았다.

특히 느헤미야의 관심사는 남달랐다. 그는 사람과 일 중에서 사람에게 먼저 관심을 가졌다. 느헤미야는 예루살렘을 다녀온 형제 하나니에게 "사로잡힘을 면하고 남아 있는 유다와 예루살렘 사람들의 형편"(느 1:2)을 물었다. 그러자 하나니가 "사로잡힘을 면하고 남아 있는 자들이 그 지방 거기에서 큰 환난을 당하고 능욕을 받으며 예루살렘 성은 허물어지고 성문들은 불탔다"(느 1:3)라고 대답했다. 느헤미야는 이렇게 사람에 대해 관심을 집중했다. 후에 느헤미야는 예루살렘 성벽을 재건하는 성과를 냈지만 느헤미야의 관심사는 고국에서 어려움을 겪고 있는 사람들에게 있었다.

느헤미야가 사람 중심의 비전을 품고 그 비전을 실행하기 위해 사용했던 방법이 있다. 그것은 기도와 계획, 즉 행동이었다(느 1:10-11). 느헤미야는 구체적으로 기도했다. 자신이 모시고 있던 아닥사스다왕에게 호의를 입어서 어려움에 빠진 민족을 구할 수 있게 해달라고 하나님께 기도했다(느 1:11). 왕을 더욱 가까이에서 모실 수 있는 자리로 승진해서 자신이 조국을 위해 이바지할 수 있는 길을 찾으려고 했다. 이런 분명한 목적의식을 가지고 승진을 위해 기도한다면 왜 세속적 성공주의라고 비난받겠는가?

이런 느헤미야의 기도는 성공을 위한 대표적인 기도인데 그 기도에는 특징이 있다. 느헤미야는 하나님의 언약 백성인 유다 백성들을 위해 자신의 성공이 필요하다고 생각했다. 한마디로 말하면 그가 성공하려고 하는 이유는 이타적이었다. 하나님 나라를 위한 '헌신'의 수단이 바로 그의 승진이자 성공이었다. 하나님은 느헤미야의 기도에 응답하셨다. "그때에 내가 왕의 술 관원이 되었느니라."

이렇게 느헤미야는 열심히 기도하면서 노력했다. 예루살렘 성의 불탄 성문을 고쳐 세우고 무너진 성벽을 다시 쌓아서 자기 민족을 구하려고 했다. 왕의 은혜를 입어 승진하게 해달라고 기도하면서 밤을 새워 자신의 업무에 차질이 생기게 하지도 않았다. 기도하면서 기회가 오면 어떻게 왕에게 보고하여 어떤 계획으로 유다 총독의 자리를 달라고 할 것인지 치밀하게 준비하며 일했다.

기도하는 사람은 행동한다. 부단히 몸으로 움직인다. 기도하는 사람(Prayer)은 계획을 세우는 사람(Planner)이다. 그리고 행동하는 사람(Player)이기도 하다. 계획을 세우고 그 계획을 이루기 위해 끊임없이 노력한다. 이것이 바로 남다른 헌신과 몰입으로 업무에 매진하면서 사람들을 섬기는 자세이다. 플레잉 비저너리 느헤미야에게서 우리가 배울 수 있다.

구원받은 성도의 삶을 통해
소명을 실천한 아나뱁티스트

1517년 10월 31일, 가톨릭에 반대해 루터가 비텐베르크 성당에 95개 조항의 반박문을 붙인 이래 16세기는 '종교개혁의 세기'였다. 루터와 츠빙글리, 칼뱅 등의 종교개혁으로 중세의 암흑기 천년을 보낸 유럽이 온통 들끓었다. 그런데 과연 개혁자들이 주도한 종교개혁은 제대로 성공한 것이고, 개혁교회는 종교개혁으로 인해 교회의 본질을 회복했는지 질문해봐야 한다. 루터가 혁신적으로 제시한 이신칭의의 구원교리와 만인제사장론에 근거한 직업소명론이 이후 종교개혁의 후예들을 통해 구체적으로 열매 맺었는지 확인해봐야 한다. 오늘 한국교회와 크리스천들의 고질적인 문제인 행함이 부족한 근본 원인을 이미 종교개혁 시대부터 찾아볼 수 있다.

16세기에 또 다른 종교개혁자들이 있었다. 그들은 아나뱁티스트(Anabaptist)이다. 흔히 '재세례파' 혹은 '재침례파'로 불리던 그들은 가톨릭과 개혁교회 양쪽의 박해를 받아 16세기 이후 200년 동안

4천 명의 성도들이 순교를 당했다. 이들과 종교개혁자들 간의 갈등을 살펴보면 진정한 행함에 대한 교훈을 얻을 수 있다.

아나뱁티스트는 '다시 세례를 받는다' 라는 그 이름에서도 알 수 있듯이 본인의 신앙고백에 근거한 '세례'에 신앙의 특징이 담겨 있다. 초기의 신앙고백인 〈슐라이트하임 신앙고백〉에서도 당시 핫이슈가 된 세례문제를 가장 먼저 언급한다. "그리스도를 통해 죄를 용서받았기 때문에 예수 그리스도와 영원히 살고, 그분의 죽으심과 부활에 참예하기를 소원하는 모든 사람을 위해 주어진 것"이라고 세례를 정의한다. 그리고 "교황이 저지른 가장 크고 가증스러운 첫 번째 잘못인 유아세례를 거부한다"라고 명시한다. 이 고백의 내용으로 볼 때 아나뱁티스트들은 국가교회의 형태에서 의무적으로 유아세례를 받고, 신앙의 고백과 삶에 대해서는 아예 간섭도 하지 않는 가톨릭의 세례 제도를 분명하게 거부했음을 알 수 있다.

그들이 정의하는 세례란 전통적 의미의 성례전이 아니라 순종하는 제자의 삶의 상징이었다(윌리엄 에스텝 지음, 「재침례교도의 역사」, 요단 펴냄, 232-233쪽). 세례가 예전적 의미를 넘어 제자의 삶이라는 주장은 16세기 아나뱁티스트의 세례를 가장 잘 정리한 발타자르 휘브마이어의 언급을 통해 보다 분명하게 이해할 수 있다. 그의 저서 「그리스도교 침례에 대하여」에서 참된 교회의 특징을 나타내는 표지(標識)를 세 가지로 제시한다. 첫째는 '중생'이다. 중생이 교인의 자격보다 선행되어야 한다고 보았다. 둘째는 '세례'이다. 강요나 의무가 아닌 자발적인 반응으로 행해지는 세례이다. 그리고 참된 교회의 세 번째

표지가 바로 '훈련'이라고 했다.

이처럼 내면의 변화인 중생의 경험은 외적으로도 검증되어야 한다. 세례받은 그리스도인들은 그리스도께서 가셨던 길을 걷는 제자도를 실천해야만 했다. 이 제자도의 실천훈련이 바로 아나뱁티스트의 소명이었다. "수많은 아나뱁티스트들의 기록에서 볼 수 있는 부르심과 소명은 바로 그리스도의 모범을 구체적으로 따라야 한다는 것이다. 사실 진리는 바로 그리스도를 따르는 데에서 찾을 수 있기 때문이다"(월터 클라센 지음, 「가톨릭도 프로테스탄트도 아닌 아나뱁티즘」, KAP 펴냄, 66쪽). 아나뱁티스트의 소명이 가톨릭교회나 종교개혁교회들과 차별화되는 지점이 바로 이 제자도이다.

제자도를 추구하는 매일의 생활 마당은 교회 안만으로 한정되지 않는다. 교회 안팎에서 적용해야 할 제자도를 실천하는 일이 중요하다. 아나뱁티스트들은 종종 종교개혁자들의 그리스도는 "달콤한 그리스도"(Sweet Christ)라고 비난했다. 그러나 진정한 제자도는 "쓰라린 그리스도"(Bitter Christ)의 길을 따르는 일이다. 행동하고 살아 있는 믿음으로 고통을 감수하며 세상에서 실천하는 삶을 보여야 참된 제자도라고 보았다.

아나뱁티스트들은 루터의 십자가 신학에도 동의하고 이신칭의 교리도 전적으로 수용했다. 그러나 믿음으로 얻는 구원에 성경적이고 윤리적인 개념을 추가했다. 휘브마이어가 발트슈트에서의 종교개혁을 위한 교리적인 기초로 8개 조항을 발표한 내용 중 1항의 내용은 "신앙만이 우리를 하나님 앞에 거룩하게 만든다"이다. 여기서 루터가 사용한 "의롭게 된다"라는 표현 대신에 "거룩해진다"라고 중요한 단어를 살짝 바꿔 놓으면서, 참된 구원의 신앙은 칭의뿐만 아니라 성화도 가져다준다고 효과적으로 강조했다(윌리엄 에스텝, 앞의 책, 226쪽).

그러니 루터는 이렇게 한탄할 수밖에 없었다. "진정한 그리스도인, 어디 없소?" 루터가 성직자들의 소명만이 고귀하다고 보았던 가톨릭교회를 반박하고 크리스천의 직업 자체가 소명이라고 보았던 것은 혁신적인 소명 이해가 틀림없었다. 그런데 우리는 이런 질문을 해봐야 한다. "마틴 루터는 직업소명론을 통해 진정으로 종교개혁을 성취했는가?"

아나뱁티스트 지도자인 메노 시몬스는 루터교인들의 모습에 대해 비판했다. 맥주와 포도주를 한껏 마셔 술에 취한 코와 입술로 사냥꾼의 올무에서 벗어났다는 시편을 읊기만 하면 엄지손가락을 치켜들고 복음적인 귀한 형제라고 추켜세우는 것이 과연 타당한 것인가?

루터 자신도 이런 현실에 대해 안타까워했다. 성경에서 말하는 새로운 교회를 세웠지만 사람들에게 영적으로나 도덕적으로 더 나은 모습을 가져다주지 못했다는 사실을 시인했다. 생활의 변화와 개선이 없는 루터교회 교인들의 현실을 매우 유감스럽게 여겼다. 루터는 자신의 책에 진정한 그리스도인의 이름을 따로 기록해 두어서 명목상의 그리스도인과 분리해 보려고 했으나 계획을 포기해야 했다. 그런 사람들을 기록으로 남길 만큼 충분하게 찾지 못했기 때문이다(헤럴드 벤더 지음, 「재세례 신앙의 비전」, KAP 펴냄, 62-63쪽).

하지만 아나뱁티스트들은 신자 개개인의 궁극적 목표와 교회공동체의 궁극적 목표가 성화(聖化)에 있다고 천명하며 목숨을 걸고 그 가치를 추구해갔다. 가톨릭의 왜곡된 국가교회를 개혁하려 했던 루터가 개혁교회의 새로운 국가교회를 만들고 말았지만 루터의 만인제사장 직분을 종교생활과 사회 전반에 응용하며 확대하는 역할을 아나뱁티스트들이 해냈다.

그들은 박해받고 순교하면서도 세상 속 크리스천으로 모범적이며 탁월한 삶을 살았는데, 심지어 적대자들도 인정했다. 스위스 취리히의 종교개혁자 울리히 츠빙글리는 재세례파의 분파 독립을 촉발했던 사람으로 재세례파에 대해 적대적이었으나 이런 기록을 남기고 있다. "만약 여러분이 아나뱁티스트 신자들의 삶과 행위를 조사한다면 우선 나무랄 데 없고, 경건하며, 겸손하여 이 세상 누구보다도 그 삶에 매력을 느끼게 하는 사람들이라는 사실을 알게 될 것입니다. 그들을 비방하는 사람들조차도 그들의 삶이 훌륭하다는 것을 알게 될 것입니다."

가톨릭 사제로 아나뱁티스트를 비난한 책들을 쓴 크리스토퍼 피셔는 아나뱁티스트 신자가 영지관리인으로 인기가 있고, 높은 직책에 고용되어 다른 그리스도인들보다 더 많은 급여를 받는 것을 개탄했다. 어떤 영주들은 아나뱁티스트 신자에게는 회계를 요구하지 않을 정도로 신임한다고 했다. 다른 그리스도인들, 즉 가톨릭교회와 개혁파교회의 신자들은 아나뱁티스트같이 그렇게 신실하고 믿음직스럽지 않다고 한탄했다. 영주들의 아나뱁티스트 고용은 당연하다고 말할 정도였다(윌리엄 에스텝 지음, 앞의 책, 169쪽에서 재인용).

찰스 스펄전 목사가 영국 런던의 메트로폴리탄장막교회에서 담임목사로 섬길 때는 정식 교인이 되려면 인터뷰를 통과해야 했다. 교회 목사를 비롯해 구레나룻과 턱수염을 기르고 사슬 달린 시계에다 정장을 차려입은 빅토리아 시대풍의 근엄한 남자들인 장로와 집사들이 도열해 앉아 있는 곳에서 인터뷰해야 했는데, 정말 끔찍한 테스트였다고 한다.

어느 날, 런던의 어느 저택의 하녀로 일하던 십대 소녀가 교인이 되겠다고 신청했다. 소녀가 인터뷰 자리에 와서 앉았을 때 스펄전 목사가 질문했다.

"당신이 정말로 죄를 회개하고 그리스도를 믿고 있다는 증거를 제시해 보십시오."

잔뜩 긴장해 있던 소녀는 잠시 생각하더니 이렇게 대답했다.

"글쎄요. 저는 예전에는 집을 청소할 때 쓰레기를 몰래 구석에 감추곤 했습니다. 그러나 이제 예수님을 믿고 난 후 그런 행동을 그만두었습니다."

스펄전 목사는 곧바로 이렇게 말했다.

"더 이상의 질문은 없습니다. 우리는 이 소녀를 우리 교회공동체의 구성원으로 받아들일 것입니다. 모두 교제의 악수를 나누십시오."
(이안 코피 지음, 「하나님은 월요일에 무슨 일을 하실까?」, 새물결플러스 펴냄, 73-74쪽).

오늘 우리도 우리의 일터와 삶의 현장에서 소명의 삶을 실천해야 한다. 하나님이 주신 비전을 삶 속에서 실천하기 위해 노력해야 종교개혁자들의 후예로 하나님이 기뻐하시는 소명의 인생을 살 수 있다. 21세기에 필요한 진정한 종교개혁은 바로 하나님의 부르심을 실천하는 우리의 노력으로 가능해진다.

다윗이 아침에 일찍이 일어나서 양을 양 지키는 자에게 맡기고
이새가 명령한 대로 가지고 가서 진영에 이른즉
마침 군대가 전장에 나와서 싸우려고 고함치며. 삼상 17:20

PART 2

탁월하고
균형 잡힌
전문가

땀 흘리며
당신의 **물맷돌을 준비**하고

SBS의 드라마 〈낭만닥터 김사부〉 시즌3가 끝났지만 몇 년 전에 방영된 시즌1의 4회분 방송에서 '어떤 의사가 진짜 의사'인지 논란을 벌이는 장면이 나왔다. 강원도 한 시골에 있는 돌담병원에서 도저히 못 견디겠다고 떠나려는 전문의 강동주가 말한다.

"내가 되고 싶은 건 최고의 의사지, 좋은 의사가 아니거든요."

그러자 간호부장 오명심이 그러면 김사부로 불리는 의사는 과연 좋은 의사인가 최고의 의사인가 질문해보라고 한다. 마뜩잖았지만 강동주가 응급실에서 환자를 진료하던 닥터 김사부에게 질문하자 이렇게 대답했다.

"지금 여기 누워 있는 환자에게 물어보면 어떤 의사를 원한다고 할 것 같냐?"

"……."

"필요한 의사야. 그래서 나는 내가 아는 OS 지식 모든 걸 동원해서 이 환자한테 필요한 의사가 되려고 노력 중이다."

그러면서 환자의 다리를 이리저리 맞추더니 탈골된 부분을 치료한다. 엑스레이라도 찍어봐야 하는 것 아니냐는 표정을 짓는 강동주에게 "됐어. 괜찮아"라고 안심시키면서 말이다.

드라마에서 의사 김사부는 우리나라에는 존재하지 않는 '트리플보드' 외과의사로 설정되었다. 트리플보드는 전문의 자격증이 세 개나 있는 의사이다. 외과의, 흉부외과의, 신경외과의 등 세 분야의 자격증이다. 그런데 드라마에서 김사부가 말한 OS는 정형외과(Orthopedic Surgery)의 약어이다. 자신의 전공분야가 아니었다. 하지만 응급실에 누워 있는 그 환자에게 필요한 치료를 위해 자신의 의료지식을 최대한 동원해 치료한다고 했다.

이 드라마에서는 '필요한 의사'는 과연 어떤 의사인지 종종 질문하는 듯했다. 〈낭만닥터 김사부〉를 거의 챙겨본 내 느낌은 필요한 의사란 '최고의 의사 + 좋은 의사'였다. 실력만 자랑하고 마음을 잘못 쓰면 필요한 의사가 될 수 없다. 반대로 능력은 없으면서 잘해주려고만 해도 필요한 의사가 될 수 없다. 물론 이런 조화가 쉽지 않다. 그러나 이르지 못하는 별세계도 아니다. 꿈을 추구하는 비저너리는 먼저 탁월한 전문가(Professional)가 되어야 한다. 전문가의 탁월한 능력을 얻기 위해 무엇이 필요한지 다윗의 물맷돌을 중심으로 살펴보자.

소외의 풀밭에서
핸디캡을 극복하며 땀 흘리라

다윗은 목동으로 어린 시절을 보내면서 일했다. 그런데 다윗은 자기가 원해서 양들을 돌보는 일을 한 것이 아니다. 태어나 보니 가업이 목축업이었다. 하고 싶은 일을 하지 못했으니 즐겁지 않았을지도 모른다. 그러나 다윗이 했던 목축업은 다윗의 집안 경제를 위해서도 꼭 필요했다. 당시 유대인 가정에서는 대부분 양을 길렀는데, 집안에서 기르는 양들은 막내아들이 책임지고 돌보는 전통이 있었다.

다윗은 집안의 양 치는 일을 형들보다 오래 해야만 했다. 다윗 아래로 더는 남동생이 태어나지 않았기 때문이다. 다윗의 형들 일곱 명이 차례로 양 치는 일을 했다. 아마도 몇 년씩 일하다가 동생들에게 차례로 물려주었을 듯하다. 하지만 다윗은 참 힘들게도 오랫동안 양 치는 일을 해야 했다. 어쩌면 다윗은 그것밖에 할 일이 없었을 수도 있다. 자기가 좋아하는 일을 찾을 수 있는 여건도 못되었다.

그런데 다윗이 일하는 풀밭이 아버지와 가족들에게조차 소외되어 안타까웠다. 다윗은 집안에 손님이 오고 큰 행사가 있는데도 양들과 함께 들에 있어야 했다. 아버지 이새는 사무엘 선지자가 집으로 심방을 오는 때에도 막내아들 다윗은 신경도 쓰지 않았다. 부르지 않았다는 말이다. 고용 목자들이나 집안의 종들에게 양을 맡기고 다윗이 그 자리에 오게 할 수 있었을 텐데 아버지는 그렇게 하지 않았다. 다윗은 '소외와 따돌림의 풀밭'에서 고독한 어린 시절을 보냈다. 열등감에 빠질 수도 있었고 좌절하기도 쉬운 환경이었다.

그런데 다윗의 인생을 소명의 관점으로 볼 때 이런 다윗의 핸디캡이 오히려 중요한 기회가 되었다. 다윗은 소외의 풀밭에서 무엇을 하고 있었을까? 바로 인생의 '입사 시험' 준비를 하고 있었다. 물맷돌 던지기와 수금 연주 능력을 키우고 있었다. 특히 양을 치면서 물맷돌 던지기 능력을 키운 일은 중요하다.

다윗은 소외의 풀밭에서 힘든 나날을 보내며 목자의 전문성을 확보하는 계기를 마련했다. 물맷돌을 던져 양을 잡아먹으려는 곰이나 사자를 죽인 적도 있었다. 전쟁터에서 골리앗과 맞서 싸울 때 바로 이런 전문성을 잘 활용했다. 형들처럼 물맷돌 던지기 연습을 몇 년 한 실력으로는 골리앗과 맞서기 쉽지 않았다. 다윗은 달려가면서도 정확하게 조준하여 한 방의 물맷돌로 골리앗의 이마에 명중시켰다. 돌이 머릿속에 박힐 정도로 강력하게 던지는 능력을 갖추고 있었다. 물론 골리앗과 맞서 싸운 다윗에게 성령님이 함께하셨지만 목동 다윗이 확보한 전문성을 성령님도 활용하셨다. 다윗은 물맷돌 던지기에는 전문가였다. 이런 탁월한 능력을 소외와 따돌림의 풀밭에서 키워갔다.

지리적인 여건도 다윗이 자기 계발을 하는 데 유리했으니 감사한 일이 아닐 수 없었다. 다윗의 고향인 베들레헴 근처 10여km 떨어진 기브아에는 베냐민 지파 사람들이 살았다. 그런데 그 사람들은 전통적으로 물매를 잘 던졌다. 사사시대에는 700명의 전문 물매꾼

들이 있었다. 탁월한 왼손잡이 물매 사수들이었다. 그 후손들이 다 윗이 살던 때도 기브아에 살았으니 얼마나 유익한 도움을 얻었을지 상상할 수 있다.

요즘 식으로 말하면 일과시간을 마친 후에 다윗은 기브아로 뛰 어가서 물매 던지기 과외를 할 수 있었다. 사사시대의 전문 물매꾼 들을 계승한 후손들이 운영하는 '한방' 물매학원, '정타' 물매훈련장 과 같은 곳에 가서 수강하며 물매 던지는 기술을 열심히 익혔던 모 습을 상상할 수 있다. 얼마나 좋은 기회였겠는가? 다윗은 약점을 오 히려 기회로 삼고 지정학적 이점도 잘 활용하면서 자신의 전문성을 확보했다. 그렇게 물매 던지는 능력을 키워갔다.

한편 다윗의 자기 계발에 있어서 한 가지 의문을 제기하고 생각 해봐야 할 점이 있다. 다윗은 나중에 전쟁터에서 적의 선봉장군과 맞서 싸우며 무술능력, 즉 전쟁에 필요한 실제적인 능력이 필요했 다. 그런데 기껏 물맷돌 던지는 목자의 기술이나 익혔다. 칼로 적을 제압하는 능력이 필요했는데, 그런 준비를 하지 못한 것이라는 의문 이 들 수 있다.

그러나 다윗의 경우를 보면 그렇지만은 않았다. 자기에게 주어 진 일, 지금 필요한 물매 던지기에 집중하다 보면 칼은 나중에 확보 할 수 있다. 다윗이 물맷돌로 골리앗을 쓰러뜨렸는데, 자신의 손에 는 칼이 없었다. 그러자 다윗은 달려가서 골리앗을 밟고 그의 칼을 빼서 그의 머리를 베었다. 당시에 골리앗은 칼을 칼집에서 빼지도 못하고 있었다. 내게 지금 당장 '칼'이 없더라도 '물맷돌' 던지는 일을 열심히 연습하면 된다. 지금 필요한 일을 열심히 하다 보면 기회가 왔을 때 얼마든지 그 상황에 맞게 대응할 수 있다.

기회가 오기까지
침묵의 짱돌을 갈고 다듬어라

우리도 오늘 좋지 않은 여건 가운데서 땀 흘려 전문성을 키워야 한다. 다른 사람들의 조건이 좋은 것을 부러워할 필요도 없다. 조건이 좋은 사람들이 다 전문가가 될 수 있는 것도 아니다. 드라마 〈낭만닥터 김사부〉에 거대병원 원장의 아들인 의사 도인범이 나온다. 이 의사 아들은 아버지라는 든든한 배경이 있으니 실력을 못 쌓았다. 부러울 것도 아쉬울 것도 없으니 의사의 수련을 제대로 하지 않았다. 의사가 운에 기대며 도박하듯 수련해서야 제대로 실력을 쌓을 수 있을 리가 없다. 도인범은 끝내 꼭 필요한 의사는 못될 것 같았다. 그런데 결국 아버지의 첩자 노릇을 하다가 닥터 김사부에게 감화를 받고는 정신을 차렸다. 아버지 그늘에서 벗어나고 진지하게 질문하면서 태도를 고치니 드디어 성장할 기회를 얻었다.

좌천되어 돌담병원에 온 강동주는 달랐다. 중학생 때 아버지가 응급실에서 다른 사람에게 순번이 밀려 제대로 치료를 못 받고 죽은 것을 보고 응급실을 다 때려 부수고는 오기로 의사 공부를 했다. 의사고시를 수석으로 졸업하고 전문의 시험에서도 전국 수석을 했다.

돌담병원에서도 봉합수술 능력이 탁월한 김사부에게 배워 탁월한 외과의사가 되려고 노력했다.

같은 병원의 의사 김서정도 아버지가 돌아가시고 김사부를 만나서 능력을 키웠다. 정서적으로 어려움도 많았지만 김사부가 전문의 자격증을 하나 더 따오라고 주문하니 노력해서 응급실 전문의 자격증을 따와서 더블보드 의사가 되었다. 투비모델인 김사부의 능력을 배우려고 끝없이 노력한다. 이렇게 땀 흘리는 사람들에게는 실력이 따라붙는다.

다윗은 골리앗과 맞서 싸울 때 한 방에 거인 골리앗의 이마뼈를 뚫고 골속으로 물맷돌을 박아 넣었다("돌이 그의 이마에 박히니", 삼상 17:49). 어떻게 이렇게 강하게 돌을 던질 수 있었을까? 또한 정확히 이마를 맞추어 물맷돌 한 방으로 거인을 죽일 수 있었을까?("그를 쳐죽였으나", 삼상 17:50)

더구나 다윗은 달려가면서 물맷돌을 던져야 했다. 골리앗이 다윗에게로 가까이 오자 다윗이 "빨리 달리며"(삼상 17:48) 물맷돌을 던졌다. 달리다 보니 조준하기가 쉽지 않았다. 성령님이 함께하신 게 분명하지만 다윗이 얼마나 연습을 많이 해서 골리앗의 이마를 맞출 수 있었겠는가?

야구하는 투수들은 똑같은 규격의 야구공으로 열심히 투구를 연습한다. 물론 타자가 서서 그 공을 치려고 잔뜩 노리고 있지만 투수들은 가만히 서서 집중해 포수의 미트에 공을 던져 넣는다. 그런데도 그 일이 그리 쉽지 않다. 강속구를 던져도 제구 능력이 없어서 투수로 성공하지 못하기도 한다. 프로야구 LG트윈스에서 투수를 지냈던 김기범 선수가 오래전에 인터뷰했던 기사를 보았다. 인터뷰하면서 김기범 선수는 포수가 사인하는 위치로 투수가 얼마나 정확하게 공을 던질 수 있다고 생각하는지 오히려 기자에게 질문했다. 그리곤 스스로 대답하기를 잘한다는 투수도 50%를 넘지 못할 것이라고 말했다.

더구나 다윗이 사용했던 물맷돌은 같은 크기나 모양일 수 없었다. 시내에서 주운 매끄러운 돌이었다(삼상 17:40). 크기가 비슷했다 하더라도 그 돌들은 모양이 조금씩 달랐다. 돌을 구성하는 재질의 비중도 무게도 달랐고, 당연히 손에 쥐는 감각도 각각 달랐다. 다윗은 같은 돌을 두 번 이상 던져본 적이 한 번도 없었다. 물매에 넣어 던지는 돌마다 언제나 다른 돌이었다.

그런 돌을 던져서 목표물에 맞히려고 하면 어떻게 해야 할지 짐작할 수 있다. 무수하게 돌을 던져보고 느낌으로 알아야만 했다. 전에 던졌던 돌들, 전에 만졌던 비슷한 무게의 돌들, 비슷한 모양과 무게의 돌을 던졌던 경험을 살려 기억하고 분석해서 던져야 목표물에 맞출 수 있다. 맞히기만 하면 되는 것이 아니라 강력한 속도가 있어야 한다. 거인의 두꺼운 머리뼈를 깨뜨려야 했다. 거인의 이마에 혹하나 나게 하는 강도로는 어림도 없었다. 빠른 속도를 유지하면서 정확하게 던지려고 하는데 각각 다른 돌들을 써야 한다면 어떻게 해야 하겠는가?

무수한 연습으로 통계가 있어야 한다. 그야말로 다윗에게 빅 데 이터가 준비되어 있어야 골리앗을 쓰러뜨리는 일이 가능했다. 물맷돌 한 번 던지며 연습하는 것이 취미생활이나 그저 시간 때우는 일이었다면 다윗은 결코 골리앗을 쓰러뜨리지 못했다. 다윗은 물맷돌 던지기 연습을 무수히 하면서 진지하게 평가하고 기록하며 오류를 수정하는 과정을 반복했다. 이렇게 몸으로 익히는 노력은 결코 거짓말하지 않는다.

우리는 기회가 오기까지 '침묵의 짱돌'을 준비해야 한다. 최대한 던지기 좋은 돌을 고르는 노력을 해야 한다. 모양이 울퉁불퉁하거나 지금까지 내가 던지던 돌과 비슷한 돌을 찾기 힘들면 돌을 갈아내는 노력이라도 해야 한다. 그래서 손의 그립 감각에 맞는 물맷돌을 준비해야 한다. 낮이고 밤이고 돌을 손에 잡아 거친 손바닥을 부드럽게 할 틈이 없도록 노력해야 한다.

또 한 가지 생각할 것은 '행운'이다. 물론 우리 그리스도인들의 삶은 하나님의 섭리와 경륜 아래 있고, 우리가 이해하지 못하더라도 하나님이 은혜를 베풀어주시는 때가 있음을 우리는 알고 있다. 하나님을 믿지 않는 세상 사람들은 그것을 '행운'이라고 표현하고 싶어 한다. 그런 면에서 이 행운도 꽤 중요하다. 요즘 능력보다 운이 중요하다며 '운칠기삼'이라는 말을 한다. 우리 사회가 만약 운이 7이고 능력과 기술이 3인 사회라면 명백한 불공정사회이다. 운보다 능력의 비중이 높은 공정사회를 만들어야 한다. 그만큼 비중이 높지는 않더라도 행운은 분명히 존재하고 중요하다. 과학계에 우연히 발견한 행운과 같은 실험 결과물인 세렌디피티(serendipity)가 있는 것처럼 행운도 있다.

그러면 이 행운은 어떤 사람에게 다가올까? 행운은 노력하는 사람을 따라다닌다. 나이키의 창업자이자 오래 경영했던 필 나이트는 그의 긴 자서전의 1, 2부를 마치고 '버킷리스트'를 말하는 부록의 끝부분에서 이렇게 말했다. "성공에는 행운도 큰 역할을 한다. 그렇다. 나는 행운의 위력을 공개적으로 인정한다. 운동선수, 시인, 기업가에게는 행운이 따라야 한다. 열심히 노력하는 것도 중요하고, 좋은 사람을 만나서 훌륭한 팀을 이루는 것도 중요하고, 머리도 좋아야 하고, 결단력도 있어야 한다. 그러나 행운이 결과를 결정할 수도 있다"(「슈독」(Shoe Dog), 사회평론 펴냄, 543쪽).

필 나이트 회장이 자신과 같은 기업가 외에 구체적으로 운동선수와 시인에게 행운이 중요하다고 한 이유를 알기는 힘들지만, 이런 직업을 가진 사람들에게만 행운이 중요한 것은 아니다. 누구나 행운이 따르면 기회를 잡고 성공하기가 쉽다. 기회는 이렇게 열심히 노력하는 사람, 준비된 사람, 긍정적인 사람에게 찾아온다. 그런 사람들에게 기회의 열매가 맺힐 가능성이 크다.

준비된 사람에게 기회가 문을 두드린다. 준비되어 있지 않으면 행운이 찾아와도 소용없다. '내겐 왜 기회가 오지 않는가?'라고 한탄만 하고 있으면 안 된다. 짱돌을 갈아 물맷돌을 만들어야 한다. 손에 착 감기고 물매 안에 넣으면 딱 들어맞는 물맷돌을 준비하고 있어야 골리앗 앞에 나설 수 있다. '물맷돌'이 준비되어 있지 않으면 '골리앗'은 우리 인생에 절대로 나타나지 않는다. 오히려 나타나면

큰일이다! 왜 내게는 골리앗이 나타나지 않느냐고 불평하지 말아야한다. 우리는 오늘도 짱돌을 갈고 다듬어 물맷돌을 만들면서 골리앗을 기다려야 한다.

두 가지 일을 할 때
한 가지 일을 더 해야 한다면?

골리앗과 맞설 때 다윗은 사울왕의 악사 겸 비서로 일하고 있었다. 그때도 자기 집안의 양들을 돌보는 일을 여전히 책임지면서 궁궐에 출근해서 일하고 있었다. 새벽에 출근할 때는 집안의 종들이나 고용한 목자들에게 양을 돌보게 했고, 퇴근 후에는 양들을 인계받아 돌보면서 밤에 양들을 지켰다. 다윗은 성경 최초의 '투잡러'였다고 볼 수 있다. 다윗은 정말 바쁘고 힘든 일들을 감당하면서 베들레헴과 예루살렘 사이를 오가고 있었다.

베들레헴에서 예루살렘까지는 4~5km 정도 되기에 출퇴근하기에 그리 부담스러운 거리는 아니었다. 그런데 블레셋 군대가 침입해 왔고, 다윗은 사울왕이 나가 있는 전쟁터인 엘라 골짜기까지 긴 출퇴근을 해야 했다. 다윗의 집이 있던 베들레헴과 엘라 골짜기의 중심까지는 지도상의 거리로 25km이었기에 두 가지 일을 다 감당하기는 쉽지 않았다. 그래도 다윗은 아마도 전쟁터와 집을 오가는 일을 오래 감당하고 있었다(삼상 17:1-16).

이런 상황이 지속된 지 39일이 되던 날, 아버지가 다윗에게 한 가지 심부름을 시켰다. 참전한 세 명의 형에게 음식을 가져다주고 지휘관에게도 음식을 전해주라는 심부름이었다(삼상 17:17). 이미 두 가지 일을 정신없이 하고 있는데 새로운 일이 주어질 때 어떻게 하면 좋겠는가? 불평할 만도 하다. 이미 두 가지 일을 감당하며 평소보다 더 긴 출퇴근 시간을 견뎌내고 있다고 아버지에게 하소연할 만도 했다.

그런데 다윗은 이때 특유의 성실함으로 쉽지 않은 난제들을 돌파했다. 다윗의 인상적인 모습을 보라. 다윗은 평소보다 일찍 일어나서 엘라 골짜기를 향해 출발했다. "다윗이 아침에 일찍이 일어나서 양을 양 지키는 자에게 맡기고 이새가 명령한 대로 가지고 가서 진영에 이른즉 마침 군대가 전장에 나와서 싸우려고 고함치며"(삼상 17:20). 심부름하느라 짐도 많았으니 뛰어가기도 힘들고 불편했다. 그러니 평소에는 다섯 시에 출발해야 출근 시간에 맞출 수 있었다면 그날은 새벽 세 시에 출발한 셈이다. 이것이 다윗의 멋진 캐릭터이다. 주어진 일들이 벅차더라도 최대한 노력하는 성실함이 다윗의 미덕이었다. 이것이 전문가의 참된 자세이다.

가만히 다윗이 한 일들을 살펴보라. 맡겨진 세 가지 일을 다 하지 않는가? "양을 양 지키는 자에게 맡기고"(집안일), "이새가 명령한 대로 가지고 가서"(아버지의 심부름), "진영에 이른즉 마침 군대가 전장에 나와서 싸우려고 고함치며"(직장일, 더구나 지각도 하지 않고 시간 맞추어 출근했다!).

바로 그날, 하나님의 군대를 모욕하는 골리앗의 욕설이 유난히 다윗의 귀에 거슬렸다. 40일이나 계속된 일이었으나 그날 다윗은 분기탱천해서 일어났다. 그래서 골리앗과 맞짱 떴다! 결국 골리앗을 죽이고 풍전등화와 같던 이스라엘을 구해냈다. 이렇게 다윗은 출퇴근하는 길에서 열심히 자기 계발을 했다. 20km가 넘는 길을 걸어 다녔겠는가? 틀림없이 뛰어다녔다. 그렇게 해서 당시 고대사회 리더십의 필수 요건인 강인한 체력을 키웠다. 평소보다 몇 배나 더 걸리는 출퇴근길을 자기 계발의 기회로 삼아 노력했던 사람이 바로 다윗이다. 가장 힘들게 출근한 날에 드디어 다윗은 이스라엘 민족 앞에 자신의 존재를 분명하게 알릴 수 있었다.

특히 젊은 날에 우리는 다윗처럼 노력해야 한다. 공부할 때는 공부로, 시험을 준비할 때는 시험공부로, 일할 때는 일로 다윗처럼 탁월한 성실을 발휘하며 노력해야 한다. 능력이 탁월해서 닥치는 일은 순발력을 발휘해 처리해내고 돌파해가면 금상첨화이다. 당장 그런 능력을 갖추지 못했더라도 괜찮다. 일단 성실하기만 하면 된다. 불평하지 않고 현실에 대응하는 긍정의 마인드가 필요하다. "왜 넷째부터 일곱째까지 네 명의 형들은 놀고 있는데 그 형들을 보내지 않고 바쁜 제게 힘든 심부름을 시키십니까?" 다윗은 이렇게 아버지에게 불평하지 않았다. 평소보다 일찍 일어나서 짐을 잔뜩 짊어지고 열심히 걷고 뛰며 엘라 골짜기로 갔다.

우리가 일터에서 나만의 탁월한 전문성을 갖지 못하면 인정받기 힘들다. 성실하지 않으면 윗사람도 인정하지 않고 동료들도 무시한다. 고객들도, 거래처 사람들도 우습게 여긴다. 그러면 나를 아무도 귀하게 보지 않는다. 내가 예수님을 믿는 것에 대해서도 전혀 부러워하지 않는다. 부러운 것이 뭔가, 예수 믿으니 더 귀찮고 얄밉다. 교회 일이 있어서 뭘 좀 양해를 구하면 얌체 짓 하는 것같이 보는 것도 당연하다. 그러면 우리가 일터에서 사역자가 되고 전도자가 되어서 복음을 전하는 일은 먼 나라의 이야기가 되고 만다.

하나님이 내게 주신 일, 내가 하게 되는 일, 그 일이 바로 사명이다. 그 일 자체가 전도와 다르지 않다. 우리가 드리는 예배와 다르지 않다. 내가 일하는 분야에서 전문가가 되기 위해서 우리는 각오를 단단히 해야 한다. 아직 꿈이 분명하지 않아도 성실함으로 나만의 강점을 살려 능력을 키우는 일에 남다른 노력을 기울여야 한다. 꿈이 분명해도 이렇게 땀 흘리는 노력을 하지 않는 사람은 비전을 제대로 이루지 못한다. 성실하게 현재 자기에게 주어진 일에 최선을 다하는 사람에게는 미처 몰랐던 꿈이 보이기도 한다. 아직 내가 잘 깨닫지 못해도 하나님이 내게 주신 꿈은 분명하게 있다. 그것을 곧 알게 된다. 답답해도 조금 더 견뎌야 한다. 이 사실을 우리가 꼭 기억해야 한다.

땀과 짬의 균형을 이루는 참된 안식

해롤드 래미스 감독의 영화 〈멀티플리시티〉(Multiplicity, 1996)가 있다. 주인공인 건축가 덕 키니가 직장 일과 개인과 가정의 역할을 동시에 잘하기 위해 고민하는 내용을 모티브로 삼았다. 덕은 유전학자의 도움으로 자신의 복제인간을 만들어 각각 직장과 가정의 담당을 맡긴다. 덕-2에게는 직장일을 맡기고, 덕-3에게는 가사를 맡긴다. 그런데 덕-2가 허락도 없이 덕-4를 복제했다. 하지만 잘못 복제되어 덕-4는 먹기만 좋아하고 뭔가 좀 모자랐다.

문제는 계속 생긴다. 이 복제인간들이 보여주는 일종의 다중인격이 변덕스럽게 비치는 것이다. 결국 아내가 남편의 행동을 못 참고 아이들과 함께 친정으로 가버린다. 비로소 잘못을 깨달은 덕은 아내가 원하던 집수리를 하고 복제인간들을 모두 내보내 피자 가게를 열어 살아가게 한다. 물론 황당한 코미디 영화이다. 그런데 이 우스운 영화의 주제는 직장인이라면 대부분 공감하는 문제이다. 누구에게나 정해진 시간인데 결국 그 하루를 어떻게 살아가는가 하는 것이 중요하다. 바쁜 직장인들은 복제인간이라도 하나 만들어서 일을 맡겨야 좀 짬을 내는 삶을 살아갈 것 같다. 과연 일과 여가의 문제를 우리는 어떻게 풀어갈 수 있을지 생각해보자.

일과 여가
: 하나님의 선물

　　십계명 중 4계명은 특별한 규정을 한다. "안식일을 기억하여 거룩하게 지키라. 엿새 동안은 힘써 네 모든 일을 행할 것이나 일곱째 날은 네 하나님 여호와의 안식일인즉 너나 네 아들이나 네 딸이나 네 남종이나 네 여종이나 네 가축이나 네 문안에 머무는 객이라도 아무 일도 하지 말라"(출 20:8-10). 4계명은 아무 일도 하지 않는 날, 즉 안식일에 관해서 이야기한다. 그런데 엿새 동안 열심히 일하지 않으면 일곱째 날의 안식이 의미가 없다고 강조한다. 즉 여가는 일과 더불어 존재해야 의미를 찾을 수 있다. 일과 여가는 하나님이 우리에게 주신 선물임이 분명하다.

　일이 안식의 전제가 되는 이유를 하나님이 창조사역을 하신 후에 안식하신 원리와 비교해보면 이해가 쉽다. 하나님은 세상의 창조를 6일 만에 다 마치신 후에 모든 일에서 손을 놓고 안식하셨다(창

2:1-3). 하나님의 안식도 창조사역과 연관되어 있다. 결국 하나님의 창조의 결과인 우리 인간들에게도 일과 여가의 균형감각이 필요하다. 어떻게 일과 여가를 함께하며 둘 다 잘할 것인지 자신의 상황을 잘 파악하고 균형을 잡기 위해 노력해야 한다. 일하는 사람들은 십계명의 4계명을 "일과 여가의 균형을 이루어 안식하라"고 적용할 수 있다.

일하는 사람이라면 반드시 쉼이 필요하다. 로버트 뱅크스가 일상생활의 신학 정립을 위해 쓴 책에서 다루는 '일과 여가'에서, 일이라는 말을 "돈을 받고 하는 일, 가사 노동, 학교 공부와 연구, 자원봉사"라고 정의하는 것을 보면 쉼이 필요하지 않은 사람은 없다(『일상생활 속의 그리스도인』, IVP 펴냄, 108쪽). 우리는 예외 없이 하나님이 명령하신 창조명령을 수행해야 하기에 일하는 사람이다. 일하며 쉼도 함께 하여 하나님의 선물을 누려야 한다. 그런데 오늘날 일터세계에서는 커리어 지상주의가 득세하면서 새벽 일찍부터 밤늦게까지 분투하는 사람들이 추앙받는다. 일과 여가에 대해 생각하면서 우리는 하루를 보내는 시간에 대한 태도에 대해 생각해봐야 한다.

유대인들의 시간관에 의하면 해가 떨어진 저녁에 하루가 시작된다. 보통 해가 떨어지고 하루의 일과를 감사하며 마치고 나서 퇴근하는 때부터 하루가 시작된다. 자신은 일을 마치고 쉬는 것이지만 그 시간에도 하나님은 계속 일하시기에 마음 편히 쉴 수 있다. 밤에도 안심하면서 잠들 수 있다. 나는 쉬지만 내가 쉬는 동안에도 하나님은 계속 일하신다. 우주를 운행하시고 한순간도 졸거나 주무시지 않는 분이 하나님이시다(시 121:3-4). 또한 하나님은 사랑하시는 자에게 잠을 주신다(시 127:2).

그리고 다음 날 아침에 기분 좋게 일어나서 일터에 나와 하나님이 하신 일을 이어받아서 하면 된다. 전날 저녁에 하루를 시작할 때부터 쉬면서 하루의 절반 이상을 이미 보냈지만 하나님은 그때부터 이미 일을 시작하셨고, 내가 일을 시작할 때까지 계속해 오셨다. 그 하나님과 함께 나도 마음 편히 일할 수 있다. 그렇게 일해서 하루를 마치고 감사하며 퇴근하면 된다. 이것이 유대인의 하루 개념이다.

벤저민 프랭클린이 "일찍 일어나는 새가 벌레를 잡는다"라는 격언을 만들어 계획적인 삶의 가치를 강조한 이후로 현대인은 새벽에 하루를 시작한다는 생각이 지배적이다. 유대인과 달리 현대인의 하루는 어떤가? 보통 바쁜 직업인들은 아침에 알람에 놀라 깨어나서 출근 전쟁을 벌인다. 출근해서는 일을 하는데, 일이란 본래 끝이 없기에 해도 해도 일거리는 줄어들지 않는다. 퇴근도 제때 못하고 야근한 후에 집에 돌아가는데 집에 가서도 할 수 있으면 일을 더 한다. 잠을 자려 해도 잠들기 힘들다. 아직 일이 끝나지 않았기 때문이다. 어쩔 수 없이 잠자리에 들지만 잠이 잘 오지 않는다. 뭔가 더 해야 했고 또 해야만 일을 다 마칠 수 있는데 그러지 못하는 자신이 안타깝다. 잠을 자는 둥 마는 둥 했는데 또 다음 날 새벽의 알람이 요란하게 울린다. 놀라 깨어나서 출근 준비를 시작한다.

이런 삶이 현대사회를 살아가는 직업인의 일상과 그리 크게 다르지 않을 것이다. 하루의 시작에 대한 차이를 너무 대조적이고 과

장되게 설명한 점이 있다. 하지만 하루의 시작과 끝이 새벽인가, 저녁인가에 초점이 있는 것이 아니라 하루의 삶을 살면서 하나님과 함께 살아가는가, 그렇지 않은가가 관건이다. 또한 우리가 하는 일과 여가는 하나님을 신뢰하는 믿음과 관계있음을 알 수 있다.

예수님은 인류에게 진정한 쉼과 여가, 영원한 안식에 대해서 몸소 가르치기 위해 세상에 내려오셨다. 그래서 바쁜 공생애의 시간을 보내면서도 쉬는 시간을 가지셨다. "이르시되 너희는 따로 한적한 곳에 가서 잠깐 쉬어라 하시니 이는 오고 가는 사람이 많아 음식 먹을 겨를도 없음이라"(막 6:31). 결국 구원을 이 땅에서 맛보게 하는 진정한 안식을 십자가로 이루어주셨다. 그래서 말씀하신다. "수고하고 무거운 짐 진 자들아 다 내게로 오라. 내가 너희를 쉬게 하리라"(마 11:28). 하나님이 6일간 세상을 창조하신 후에 하루를 쉬신 것도 바로 이 휴식의 진정한 의미를 보여준다. 예수님은 그 하나님의 모범을 따라서 쉼을 강조하셨다.

일하는 이유 못지않게 잘 알아야 할 점은 쉬는 이유이다. 열정적인 목회자들 가운데 쉬지 않고 일하는 사람들이 있다. 그들에게 쉬라고 하면 하나님의 사역을 어떻게 쉬느냐고 반문하기도 한다. 얼핏 들으면 경건하게 들리지만 성경적인 자세는 아니다. 우리가 안식해야 할 이유는 명백하다. 하나님도 쉬시니 우리도 쉬어야 한다. 성과를 내고 인정받기 위해서 '일중독'에 빠진 사람이 많다. 그들이 들어야 한다. 쉼이 얼마나 중요한 원리인지 알아야 한다.

땀과 쉼이 다 하나님의 선물임을 인식한다면 이제 일과 여가의 균형을 이루는 지혜를 발휘해야 한다. 결국 사고방식이 문제이고 시간관리가 우리의 숙제이다. 제대로 쉬기 위해서는 제대로 일해야 하는데 그렇게 하려면 몰입이 필요하다.

몰입은 복잡하게 생각할 것 없이 지금 하는 일에 집중하는 것이다. 사람들은 보통 어떤 일을 할 때 그다음에 할 일을 생각하고 걱정하는 경향이 많다고 한다. 다음에 할 일을 걱정하느라 마음을 빼앗기지 말아야 한다. 지금 이 일을 하기로 했다면 집중하는 자세가 중요하다. 쉴 때는 쉬는 일에 집중하고 몰입해야 한다. 이렇게 마음먹으면 우리의 심리상태가 안정된다. 마음이 편해지면서 집중이 쉬워진다. 집중하면 효과가 있고, 거기서 뭔가 얻는 것이 있어서 보람을 느낀다. 그 시간에 충실하고 나면 다음 시간에 할 일도 제대로 할 수 있다.

한자의 '바쁠 망' (忙) 자를 생각해보라. '마음 심' (心) 변에 '죽을 망 혹은 잃을 망' (亡)의 합성어이다. 이 한자 표현대로라면 '바쁜 것은 죽는 것이고 잃는 것'이다. 물론 바쁘다고 당장 죽지는 않는다. 옛 중국인들은 사람이 바쁘면 죽긴 죽는데, 먼저 마음이 죽는다고 보았다. 마음이 죽은 사람은 몸도 죽기 쉽다. 그러니 바쁘게 열심히 일만 하는 것이 능사가 아니다. 인생에서 반드시 쉼이 필요함을 옛 중국인들은 이해하고 있었다.

미국에서 활동하는 랍비 웨인 도식은 그의 책 「비즈니스 바이블」에서 '작은 안식일' (mini-sabbath)을 지키라고 강조한다. 매일, 혹은 며칠에 한 번씩이라도 시간을 정해서 스트레스가 쌓이는 일을 제

쳐두고 활력과 새로움을 되찾으라고 한다. 길지 않더라도 하루에 2~30분의 시간을 떼어놓으라고 제안한다(한세 펴냄, 166-168쪽).

이 작은 안식은 근본적인 것이 무엇이고, 관심을 가져야 할 것이 무엇인지 깨닫게 해서 지켜야 할 원칙과 우선순위에 집중하게 해준다. 하루 중 2~30분의 시간을 떼어놓고 작은 안식을 지킬 수 없겠는가? 우리는 정말 그렇게도 여유가 없고 그렇게 바쁘기만 한 것인가? 점심시간의 일부분도 하루 중의 작은 안식을 가질 좋은 기회이다. 일과를 시작하기 전 시간도, 퇴근하기 전에 잠시 시간을 내어서도 우리는 작은 안식을 효과적으로 지킬 수 있다. 그저 바쁘게만 살 것이 아니라 이런 쉼도 계획하고 실천해보자.

일과 여가의 균형을 이루는
안식의 책임을 다하라

모세가 시내산에서 하나님께 받은 십계명의 구조를 보통 두 부분으로 설명한다. 내용상의 구분인데, 1계명부터 4계명까지는 하나님과 사람 사이의 관계를 규정한다. 그리고 5계명부터 10계명까지는 사람과 사람 사이의 관계를 규정한다고 이해할 수 있다.

그런데 십계명을 조금 더 세분해서 생각해볼 수도 있다. 관계의 측면으로 보는 것은 같은데, 1~3계명은 하나님께 어떻게 예배하고 경배해야 하는지 설명하는 하나님과의 관계이다. 5~7계명은 사람들과 어떻게 관계해야 하는지 사람과의 관계를 가르친다. 8~10계명은 물질과의 관계를 규정한다. 도둑질이나 이웃에게 거짓 증거하는 것이나 탐욕을 금하는 계명은 많은 사람이 마치 하나님처럼 여기는 재물에 대해(마 6:24) 지적하는 구체적인 계명들이다.

그러면 이 구분에서 빠진 4계명은 어떤 의미가 있는가? "안식일을 기억하여 거룩하게 지키라"(출 20:8)는 4계명은 다른 세 부분으로 구분한 계명들과 밀접하게 연관되어 있다. 4계명은 하나님과 사람, 재물 등 세 가지 관계들과 모두 연관되어 있다. 일을 중단하고 안식일을 거룩하게 지키는 것은 하나님을 예배하며 하나님과의 관계를 바로 세우는 일이다. 가족뿐만 아니라 종과 객들도 안식일에는 쉬게 하라는 명령에서 볼 수 있듯이 안식은 사람들과의 올바른 관계를 규정한 중요한 장치이다. 그리고 일하지 않으면 돈을 벌 수 없지 않은가? 하나님의 약속을 의지하면서 탐욕을 포기하여 재물에 대한 관계를 바로 정립하는 것이다.

그러니 4계명은 모든 관계를 회복하게 하는 중요성을 가지고 있다. 그래서인지 십계명의 다른 계명들보다 4계명의 분량이 가장 많다. 열 가지의 계명을 주시면서 하나님이 가장 길게 말씀하신다는 것은 무슨 뜻인가? 4계명에 중요한 의미가 많이 담겨 있고 지켜야 할 내용이 복잡하기에 구체적으로 길게 설명하신다. 안식에 관한 4계명에 담긴 중요성을 놓치지 말아야 한다. 세상 사람들은 쉬면서도 이 안식의 중요성을 잘 알지 못한다. 안식의 의미와 중요성을 잘 아는 우리가 세상 사람들을 향해 안식 계명의 중요성을 알려줄 책임이 있다.

시내산에서 선포하신 율법을 마감하면서 다시 한번 안식의 중요성을 강조하는 하나님이 이렇게 말씀하셨다. "엿새 동안은 일할 것이나 일곱째 날은 큰 안식일이니 여호와께 거룩한 것이라. 안식일에 일하는 자는 누구든지 반드시 죽일지니라"(출 31:15). 하나님은 안식에 대해 교훈하면서 일하는 것에 대해서 먼저 말씀하신다. 안식하기 위해서는 주중에 반드시 일해야 한다. 힘써 일해야 한다.

안식일을 거룩하게 지키라고 명령하는 십계명의 4계명을 살펴보아도 비슷한 구조이다. "엿새 동안은 힘써 네 모든 일을 행할 것이나 일곱째 날은 네 하나님 여호와의 안식일인즉 너나 네 아들이나 네 딸이나 네 남종이나 네 여종이나 네 가축이나 네 문안에 머무는 객이라도 아무 일도 하지 말라"(출 20:9-10). 하나님이 무엇을 강조하시는가? 엿새 동안 열심히 일하지 않으면 일곱째 날에 하는 안식이 의미가 없다고 보아도 좋다. 즉 여가는 일과 더불어 있어야 의미를 찾을 수 있다.

노동과 안식이 이렇게 연관된다. 유대교 랍비 아브라함 조수아 헤셀이 하는 말이다(『안식』, 복있는사람 펴냄, 80-81쪽). "일을 삼가는 날인 안식일은 노동의 가치를 경시하지 않는다. 오히려 안식일은 노동의 가치를 긍정한다. 안식일은 노동의 존엄성을 신성하게 고양시킨다. '너희는 일곱째 날에 노동을 삼가라!'는 명령은 '너희는 엿새 동안 모든 일을 힘써 하라!'는 명령의 속편이다."

우리는 이 균형감각의 중요성을 명심하고 노력해야 한다. 일하다 쓰러져도 안 된다. 일중독은 절대 자랑거리가 아니다. 레저 중독에 빠져도 안 된다. "어떻게 일과 여가를 함께하며 둘 다 잘할 것인가?" 자신의 상황을 잘 파악하고 균형을 잡기 위해 노력하는 일이 중요하다.

다시 한번 한자를 생각해보자. '쉴 휴'(休)자이다. 사람(人)이 숲속에 들어가 나무(木)와 함께 있는 모습을 연상할 수 있다. 우리에게 이런 안식이 필요하다. 일에서 벗어나 여유를 느끼며 쉼을 갖는 것은 우리 크리스천들이 꼭 지켜야 할 책임이다. 하나님이 인류에게 주신 삶의 바람직한 패턴이기도 하다.

안식의 비밀은 무엇인가? 우리가 언제나 일만 하지 않고 하나님의 명령에 따라 쉬는 것은 하나님을 신뢰하는 믿음 때문에 가능하다. 이 믿음이 안식일을 거룩하게 지키며 하나님을 찬양하는 원동력이다. 하나님이 지으신 창조의 패턴대로 안식일을 거룩하게 지키는 것은 말씀대로 쉬며 일하지 않으면서 하나님을 향해 드리는 신앙의 고백이다. 우리의 인생을 창조주 하나님께 모두 맡기는 헌신이다. 하나님의 영이 충만한 직업인은 바로 이런 믿음을 가지고 비즈니스를 하는 사람이다. 하나님의 명령에 따라 주일마다 안식의 계명을 지키면서 우리는 반복적으로 고백한다. "인생을 모두 나의 주 하나님께 맡깁니다!"

주일성수를 통해 크리스천
직업인의 책임을 다하라

　　　　직장생활에 대한 고민을 상담하다 보면 주일성수 문제가 크리스천 직업인들의 심각한 고민거리임을 알 수 있다. 과거 농경사회에서는 그리 복잡하지 않고 주일에 일을 쉬기만 하면 해결되는 문제였지만 365일 24시간 체제인 현대사회에서 경건하게 살려는 크리스천 직장인들에게는 주일성수가 더욱 복잡하고 고민스러울 수 있다. 주일성수를 통해 어떻게 크리스천의 책임을 다할 수 있을지 살펴보자.

　　직업인의 주일성수와 관련해서 먼저 생각할 문제는 직업선택의 기준이다. 주일에 근무해야 하는 직장을 선택해야 하는가? 하나님 나라와 하나님의 의를 우선순위로 두고 살아야 하는 우리 크리스천들은 주일에 일하는 직장을 아무런 거리낌 없이 선택할 수는 없다. 그러나 예를 들어 병원이나 소방서, 발전소와 같은 공익직종의 일터나 호텔이나 방송국 같은 연중무휴인 직장, 백화점이나 쇼핑몰과 같이 주말이 더 바쁜 직장에 우리 크리스천들은 아예 취업하지 말아야 하는가? 그렇다면 그 일터에 하나님 나라가 임하도록 애써야 하는 책임은 누가 다할 것인가? 오히려 전략적으로 더욱 적극성을 가지고 도전할 사명이 우리에게 주어졌다.

　　물론 무턱대고 주일을 지키기 힘든 일터로 그저 들어가기만 하면 된다는 뜻은 아니다. 주일에 해야 하는 두 가지 중요한 일, 즉 예배와 안식을 대체하는 방안을 찾기 위해 노력해야 한다. 주일에 예배를 드리지 못하고 공동체와 떨어져 홀로 일해야 한다면 그리 쉽게 견딜 수 있는 상황이 아니다. 많은 고통이 따른다. 그래서 이런 직종으로 가는 크리스천들은 일터선교사 훈련을 받고 영적 무장을 하여 취업할 수 있으면 좋겠다. 선교사가 타문화권, 특히 공산권이나 이슬람권으로 가면 신앙을 표현하지도 못하고 예배도 제대로 드릴 수 없는 삶을 살지 않는가? 그런 스트레스를 견디기 위해서 훈련과 많은 기도가 필요하듯이 일터선교사로 무장하고 훈련하여 해당 일터로 가야 한다.

이것은 개인적인 노력뿐만 아니라 교회적으로도 사역의 차원에서 노력해야 한다. 주일을 지키지 못하는 성도들을 위해 특별한 일터사역의 훈련을 시켜서 파송해주어야 한다. 또한 주일 외에 다른 날에 예배를 드릴 수 있게 하는 배려도 필요하다. 만약 주일성수를 율법적으로 적용하여 주일과 관련된 직업들을 다 포기해버린다면 "온 천하에 다니며 만민에게 복음을 전파하라"(막 16:15)는 명령을 제대로 수행하지 못하게 되기 때문이다. 이것은 편의주의를 따르는 세속화와 구별된다. 오늘 우리 시대 일터선교의 중요한 전략 차원으로 이해하고 바람직한 방향을 모색해야 한다.

주일성수의 문제와 관련하여 일반적인 직장에서 일하는 사람들에게도 비슷한 원리가 적용된다. 직장인이 주일에 근무해야 한다거나 야유회를 가게 되었을 때 우리는 주님께 드리는 예배가 중요하기 때문에 불이익이 있어도 거절하는 것이 바람직하다. 그러나 만약 그 모습이 경건한 희생이 아니라 자기 권리만 찾는 얌체의 모습으로 보인다면 우리는 책임의식을 보여주지 못하는 것이다. 예를 들어 피치 못할 사정이 생긴 동료를 돕기 위해서 주일 특근을 대신 해주는 것은 선한 사마리아인의 이웃 사랑 실천이다.

희생적인 대안을 제시하는 방법도 매우 적절한 대응방법이다. 무역회사에 다니던 한 형제는 회사의 특성상 1년에 몇 차례 주일에 출근해서 팀으로 일해야 하는 상황이라 고민이 많았다. 회사에 양해를 구하고 교회에 가기도 했고 어쩔 수 없이 출근해서 일하기도 했다. 이 문제로 기도하다가 결심을 한 형제는 팀원들이 모인 자리에서 정중하게 요청했다. 자신은 주일에 예배드리는 것이 중요하고 주일학교 교사와 성가대원으로 섬겨야 하기에 빠지기가 쉽지 않으니 일요일 업무를 하지 못하는 것을 양해해 달라고 부탁했다. 그런데 이런 일을 이해해주는 회사는 거의 없다. 그래서 형제는 일종의 '거래'를 동료들에게 제안했다. 자신의 주일 근무를 빼주면 주중 공휴일 당직을 1년 내내 도맡겠다고 했다.

동료들은 흔쾌히 양해해주었다. 그 후 형제는 주일에 일해야 하는 상황이 생겨도 어렵지 않게 양해를 구하며 교회에 갈 수 있었다. 그러나 그 형제는 설과 추석 연휴는 물론이고 모든 공휴일에 당직을 도맡는, 절대 쉽지 않은 일을 감당해야만 했다. 그런데 그 일로 인해서 그의 동료들은 그들의 남다른 크리스천 동료가 주일성수의 가치를 얼마나 귀하게 여기는지 짐작할 수 있었다. 그 형제는 크리스천의 정체를 이런 방법으로 드러냈다.

주일성수와 관련해서 직장인들이 가지고 있는 또 다른 고민은 레저활동에 관한 문제이다. 요즘에는 주5일 근무제가 정착되어 전보다 주일의 레저활동이 줄어들긴 했다. 주일에 육신의 쾌락을 위한 활동을 절제하는 것은 경건하게 주일을 지키는 미덕이다. 그러나 하나님이 창조하신 자연 속에서 하나님의 창조를 느끼고 휴식한다는 면에서 주일의 레저활동을 전적으로 정죄하는 것은 문제가 있다. 균형 잡힌 이해가 중요하다. 기본적으로 주일예배에 참석하지만 1년에 한두 차례, 혹은 몇 차례 계획하여 가족들과 함께 나들이 가서 그곳에서 예배를 드리도록 제안해도 꽤 의미가 있다. 목회자들에게 휴가가 있듯이 성도들에게도 휴가와 같은 의미의 기회가 주어진다면 좋을 듯하다.

명절에 고향 교회를 방문해서 가족 친지들과 함께 드리는 예배는 하나님 나라 공동체의 관점에서 볼 때 얼마나 유익하고 아름다운 시도인가? 이런 이벤트를 만들어서 주일성수의 가치도 놓치지 않으면 좋겠다는 생각이다. 그러나 편의주의의 함정에 빠져버리면 책임 있는 주일성수의 가치를 잃어버리게 될 가능성이 크다.

주일성수와 관련해서 소비생활도 여전히 논란이 된다. 물론 과거의 율법적인 주일성수처럼 음식도 사서 먹지 않고 물건도 사지 않는 것만이 바람직한 주일성수는 아니다. 그런데 요즘 주일이 평일과 같아지고 소비활동에서 아무런 구별이 없어진 것은 문제이다. 사실 직장인들에게는 일요일이 쇼핑하거나 가족들과 외식하기에 가장 좋은 시간이다. 그러나 우리 크리스천들이 주일성수에 남다른 책임과 가치를 부여하려면 다른 사람들을 배려하는 것이 바람직하다.

주5일 근무를 하니 얼마나 좋은가! 물건구매나 식사모임은 될 수 있으면 토요일에 하려고 노력하는 것이 좋다. 이웃 사랑의 차원에서 주일에는 절제하는 것이다. 율법적인 엄수주의의 금지가 아니다. 내가 주일에 음식을 사 먹으면 결국 그 식당에서 일하는 사람들이 쉴 기회가 줄어드는 것 아니겠는가? 예를 들어 교회 근처에서 주일마다 교인들이 매식하면 음식점에서 일하는 사람들은 쉬지 못한다. 실제로 큰 교회 근처의 식당 중에서 주일에 문을 여는 곳이 많다고 한다. 사무실이 밀집한 지역의 식당은 주일에 아예 손님이 없어 쉴 수밖에 없는데, 교회 주변의 식당에서 일하는 사람들은 쉬지 못한다면 우리는 이웃 사랑을 제대로 실천하지 못하는 것이다.

예전부터 지켜온 주일성수의 원칙에 율법적으로 집착하는 것이 아니라 하나님이 정하신 안식의 원리를 지키기 위해 나름대로 원칙과 규정을 정해서 행동하는 것이 바람직하다. 또한 교회와 크리스천 공동체 안에서 주일성수의 문제에 대해 적극적으로 이야기를 나누며 토론할 때 발전적인 주일성수의 대안을 찾아낼 수 있다. 탁월하고 균형 잡힌 전문가의 멋진 캐릭터를 주일성수를 통해서도 보여주며 세상에 하나님의 창조원리를 전할 수 있어야 한다.

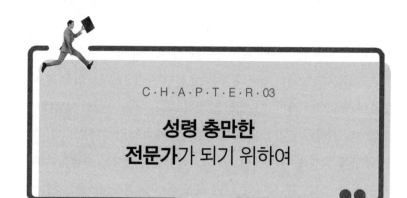

성령 충만한
전문가가 되기 위하여

성경에서 말하는 '성령 충만'은 한 가지 모습만이 아니라 세 가지 정도로 정리할 수 있다. 먼저 사도행전 2장과 고린도전서 12장에서 볼 수 있는 영적 은사들을 통해 나타나는 하나님 나라의 모습이다. 이런 영적 은사들은 하나님의 교회를 유익하게 하는 데 필요한 은사들이다. 보통 성령 충만이라고 하면 사람들은 이런 영적 은사들을 머리에 떠올린다. 하나님이 주신 귀한 은사들을 잘 활용하면 하나님의 교회에 큰 유익을 줄 수 있다.

또 하나는 사도 바울이 에베소서에서 말하는 관계를 통해 나타나는 성령 충만이다(엡 5:18-6:9). 사도 바울은 방탕하게 술 취하지 말고 오직 성령 충만을 받으라고 하면서 성령 충만한 크리스천 삶의 정황 속 관계에 대해서 논리적으로 설득하고 있다.

먼저 성도들과 관계를 갖는 교회생활에서 하나님께 예배드리며 감사하는 삶을 살아야 한다. 또한 그리스도를 경외함으로써 성도들 간에 피차 복종해야 한다. 가정생활에서 성도는 부부관계와 부자관계에서 주님께 하듯이 해야 한다. 남편에게 복종하기를 주께 하듯 하고, 아내를 사랑할 때 예수님이 교회를 사랑하심같이 해야 한다. 주 안에서 부모에게 순종해야 하고, 자녀를 주의 교훈과 훈계로 양육해야 한다.

직장생활에서도 조화로운 관계를 통해 성령 충만한 삶을 살아가야 한다. 아랫사람들은 경외와 성실로 주님께 하듯이 윗사람에게 순종해야 한다. 윗사람들도 그들 위에 하나님이 계신 줄을 알고 주님께 하듯이 아랫사람들을 대해야 한다. 이렇게 교회와 가정과 직장이라는 트라이앵글의 바람직하고 조화로운 관계가 바로 성령의 충만함이다.

또 하나의 성령 충만이 있는데, 특히 구약성경은 직업능력의 탁월함을 성령 충만과 결부시킨다. 하나님의 영이 한 직업인의 능력에 기름 부으신 경우를 자주 묘사하고 있다. 성경에서 직업인의 성령 충만에 대해 가장 직접 묘사하는 대표적인 사람은 브살렐이다. "여호와께서 모세에게 말씀하여 이르시되 내가 유다 지파 훌의 손자요 우리의 아들인 브살렐을 지명하여 부르고 하나님의 영을 그에게 충만하게 하여 지혜와 총명과 지식과 여러 가지 재주로 정교한 일을 연구하여 금과 은과 놋으로 만들게 하며 보석을 깎아 물리며 여러 가지 기술로 나무를 새겨 만들게 하리라"(출 31:1-5).

브살렐은 금, 은, 놋, 보석, 나무 등의 재료들을 다루어 정교하게 성막의 각종 기구를 만드는 장인이었다. 성소와 지성소의 장막과 휘장 등은 물론이고 놋제단과 물두멍, 떡상, 등대, 분향단 등 성막의 각종 기구를 만들 사람들이 필요했다. 하나님은 그들에게 하나님의 영을 충만하게 하여 그 정교한 작업을 하게 했다. 하나님의 영이 브살렐의 조수 역할을 한 오홀리압에게도 임했다. 또한 하나님은 지혜로운 마음이 있는 모든 사람에게 지혜를 주신다고 말씀하셨다(출 31:6). 성막을 제작하기 위해 여러 사람에게 하나님의 영이 임하셨다.

성경 속에는 직업적인 능력에 하나님의 영이 임한 사람이 여럿 나타나고 있다. 여호수아의 직업적 능력은 하나님의 영이 함께하신 것이었다. 여호수아의 성령 충만함에 대해 하나님이 직접 말씀하셨다. "여호와께서 모세에게 이르시되 눈의 아들 여호수아는 그 안에 영이 머무는 자니 너는 데려다가 그에게 안수하고"(민 27:18). 또한 신명기 기자가 묘사하는 여호수아의 성령 충만함은 모세에게 함께하셨던 하나님의 영이 여호수아에게도 역사하셨음을 알 수 있다. "모세가 눈의 아들 여호수아에게 안수하였으므로 그에게 지혜의 영이 충만하니 이스라엘 자손이 여호와께서 모세에게 명령하신 대로 여호수아의 말을 순종하였더라"(신 34:9). 모세에게 정치적 리더십과 지혜로 함께하신 성령의 충만함이 여호수아에게도 충만하게 임하셨다.

이스라엘의 첫 사사 옷니엘도 하나님이 사사로 세워 전쟁에 나갔을 때 여호와의 영이 임하여 메소보다미아 왕 구산 리사다임과 싸워 이겼다(삿 3:9-10). 미디안과 아말렉, 그리고 동방 사람들이 연합한 대군과 맞서 싸우던 사사 기드온에게도 여호와의 영이 임하셨다. 기드온이 나팔을 불자 이스라엘 여러 지파 사람들이 그의 뒤를 따랐다(삿 6:33-35). 여호와의 영이 임한 기드온의 리더십을 백성들이 인정하여 결국 전쟁에서 승리했다.

삼손의 육체적인 힘에도 하나님의 영이 함께하셨다. 삼손은 요즘 식으로 말하면 대학의 체육학과 출신이거나 운동선수가 되어 능력을 발휘하는 사람이었다. 하나님의 영이 충만하게 역사하여 삼손은 물리적인 힘을 발휘했다. 그러나 안타깝게도 삼손은 하나님의 영이 함께하여 부여받은 힘을 잘못 사용하였고, 말년에 비참하고 안타까운 삶을 살았다(삿 16장).

우리도 기도할 수 있다. "삼손처럼 직업적인 능력에 함께하시는 하나님의 영이 떠나지 마시고 제가 성령 충만하게 하소서. 제가 하는 일의 분야에서 성령님이 주시는 지혜와 능력을 발휘할 수 있게 도와주소서!" 우리도 성령의 충만함을 통해 큰 역사를 이루었던 사람들을 보면서 성령 충만함을 간구할 때 탁월한 전문가의 멋진 캐릭터를 드러낼 수 있다. 앞에서 언급한 사람들 외에도 대표적으로 성령 충만했던 전문가의 사례로 요셉과 다윗과 다니엘의 캐릭터를 차례로 살펴보자.

요셉처럼 어디서나
총무 기질을 발휘하라

먼저 요셉의 탁월한 전문가 되기 비법은 늘 오버하는 '총무 기질'이었다. 감옥에 있던 요셉이 하루아침에 총리로 임명받았을 때 요셉은 총리의 업무를 수행할 만한 탁월한 능력을 갖추고 있었다. 그 능력은 객관적으로 입증되었다. 요셉의 시세 파악 능력과 다가올 국가적 재난에 대한 대응능력이 담긴 탁월한 기획안을 보고, 요셉의 능력을 인정했던 바로는 그의 신하들을 향해 이렇게 외쳤다. "이와 같이 하나님의 영에 감동된 사람을 우리가 어찌 찾을 수 있으리요"(창 41:38).

바로는 애굽의 수많은 신하에게서 볼 수 없는 탁월한 능력을 요셉에게서 발견했다. 바로가 볼 때 요셉의 탁월한 능력은 요셉이 자기에게 지혜와 능력을 주었다며, 여러 차례 언급하는 하나님이라는 신에게서 나온 것이라고 짐작했다. 요셉에게 임한 하나님의 영은 국가를 위기에서 구해내는 구체적인 일들에 대한 지혜와 지식이었다. 실제로 요셉은 애굽의 총리로 임명받은 후에 초도순시를 행함으로써(창 41:45-46) 총리 직무를 행하기에 손색 없는 인재였다는 사실을 입증해주었다. 그는 이미 하나님에 의해 준비된 총리였다.

이런 탁월한 능력의 소유자인 요셉이 그의 인생을 통해 훈련받은 과정을 정리해보면 특징이 있다. 어디에서 일하거나 요셉은 '총무'가 되었다. 애굽에 팔려간 요셉을 노예로 샀던 주인 보디발이 일하는 요셉을 보며 발견한 태도는 아마도 '주인의식'(ownership)이었을 것이다. 요셉에게 하나님이 함께하심을 본 보디발은 요셉을 가정총무로 삼았고, 자기 집안의 살림살이에 대해서 어떤 문제도 간섭하지 않고 다 맡겼다. 자기가 먹는 음식 외에는 모든 것을 맡겼다고 하니 보디발이 어느 정도 요셉을 신임했는지 알 수 있다(창 39:6).

물론 요셉이 보여준 주인의식은 보디발의 집에서 일할 때 처음 나타난 것은 아니다. 요셉은 고향에 있는 자기 집에서 목동으로 일할 때도 언제나 '주인'이고 '총무'였다. 일에 있어서 엄격한 아버지가 맡긴 감시자 역할을 했기 때문에 주인이었다는 뜻이 아니다. 조그만 녀석이 온갖 간섭을 하면서 총무인 체하였다. 형제들 간의 갈등에 대해서 창세기 기자가 서술하는 이야기만 해도 그렇다. 아버지의 첩의 아들들 네 명과 함께 일하게 되었을 때도 요셉은 스스로 '총무'였다. 형들의 잘못을 아버지에게 일러바쳤다. 양을 치던 사람들의 잘못이라고 하면 양들이 죽거나 손실이 난 것을 감추거나 양들을 판매한 돈을 빼돌리는 것 같은 일들이 아니었을까 생각해본다. 요셉은 자기 집안의 재산에 손해가 나는 일을 용납할 수 없었다. 아마도 요셉이 포착한 형들의 잘못도 당시에 관행이 아니었을까 생각해본다. 그런 일을 그저 그렇게 눈감지 않고 사실대로 다 아버지에게 고해바쳤다. 이 일로 형들과 갈등을 유발했으나 요셉은 그렇게 성실하고 정직하게 일하려는 태도를 보였다.

나중에 요셉이 왕의 죄수들을 가두는 감옥에 들어갔을 때는 어땠는가? 처음에는 어려움을 겪었겠지만 그곳에서도 자신이 할 일을 찾은 후에는 감옥의 간수장이 요셉에게 모든 일을 다 맡겼다고 한다. 보디발이 보았던 것처럼 간수장도 요셉과 함께하시는 하나님을 발견하고 요셉에게 은혜를 베풀었다(창 39:21). 간수장은 요셉의 손에 맡긴 것은 어떤 일도 살펴보지 않고 다 맡겨버릴 정도로 요셉을 신뢰했다. 요셉의 주인의식이 감옥에서도 똑같이 발휘되었기에 간수장은 감옥 안의 모든 업무를 죄수인 요셉에게 다 맡길 수 있었다.

이렇게 살펴본 삶의 특징을 볼 때 요셉의 별명은 '어딜 가나 총무'였다. 요셉은 어떤 곳을 가든지 자기가 속한 조직의 크고 작은 일을 챙기고 다니느라 바빴다. 누가 총무로 임명하지 않아도 요셉은 어딜 가나 총무 역할을 했고, 그로 인해 인정받았다. 그렇게 어디서나 총무 역할을 하다 보니 결국 요셉은 어떻게 되었는가? 당시 세계 최강제국 애굽의 총리가 되었다. 애굽의 총리가 되었을 때도 요셉은 주인의식을 갖고 제국의 전반을 책임지는 '총무' 역할을 했다. 총리가 결국 나라의 총무역할을 하는 사람이 아닌가? 애굽의 치리자인 바로가 이렇게 선언했다. "너는 내 집을 다스리라. 내 백성이 다 네 명령에 복종하리니 내가 너보다 높은 것은 내 왕좌뿐이니라. 바로가 또 요셉에게 이르되 내가 너를 애굽 온 땅의 총리가 되게 하노라"(창 41:40-41).

작은 규모의 조직에서 총무의 일을 제대로 하지 못하는 사람은 나라의 총무가 된다 해도 일을 제대로 하지 못한다. 이것은 너무도 당연한 원리이다. 그런데 사람들은 이 원리를 쉽게 무시하곤 한다. '나는 적어도 천 명 이상 규모의 조직에서나 진가를 발휘하고 좀 움

직여볼 마음이 생기는 사람이지, 이런 작은 조직은 적성에 영 안 맞아서!' 이런 생각인가? 오늘 일하거나 살아가는 곳에서 남들은 다 하기 싫어하는 뒤치다꺼리를 어쩔 수 없이 해내며 답답함을 많이 느끼는가? 큰일이 맡겨지면 지금보다 훨씬 잘할 것 같아서 푸념만 늘어가는가?

그렇다면 요셉에게 한 수 배워야 한다. 오늘 내게 주어진 총무의 역할에 대해 주인의식을 발휘해서 제대로 감당하지 않으면 더 큰 조직을 맡을 기회가 오지도 않는다. 오히려 기회가 오면 더욱 큰일이 아닐 수 없다. 기회가 와도 제대로 감당할 능력이 없기 때문이다.

전에 한 IT회사에서 일하는 형제가 나에게 이런 고민을 이야기했다. "저는 제가 하고 싶은 일을 하지 못해 아쉽습니다. 총무팀에서 제가 하는 일은 저만 하는 일이 아니라 누구나 할 수 있는 일이라 무시당하는 것 같아서 답답합니다. 일을 열심히 해도 별로 표가 안 나고 제대로 안 하면 금방 표가 납니다. 취업해서 2년간 이런 일만 하는 제가 너무 답답합니다." 가만히 이야기를 들어보니 그 형제는 총무팀에서 자신이 하는 일을 잘 정의하고 있었다. '해도 칭찬 들을 일 없고 안 하면 야단맞는 일!'

교회에 다니지 않아서 성경이야기를 잘 모르는 형제였지만 그때 요셉의 이야기를 해주었다. 성경에서 최고의 꿈꾸는 사람으로 알려진 요셉은 한 번도 이력서를 써본 적이 없었다고 말해주었다. 무슨 이야기인가? 요셉은 자기가 하고 싶은 일을 해본 적이 한 번도 없었다는 뜻이다. 자기 집에서는 가업을 이어 목동으로 일했고, 형들에게 팔려서 간 애굽에서는 노예로 일했다. 모함을 받아 억울하게 감옥에 들어갔을 때도 감옥 안의 모든 일을 맡아 해야만 했다. 그러다가 시간이 지나 하루아침에 애굽의 국무총리가 되었다. 총리로 임명받았을 때 요셉이 가슴 벅차기만 했겠는가? 감옥에서 몇 년을 지낸 사람이 세계 최대제국의 실권자가 되어 생소한 나랏일을 하겠다고 선뜻 나서기는 쉽지 않았을 것이다.

그런데 요셉은 언제나 자신에게 주어진 일, 맡겨진 일을 해왔다. 그래서 애굽 총리의 일도 잘 해냈다. 어릴 때부터 하고 싶은 일을 찾아서 했다기보다 상황적으로 주어진 일을 해내면서 묵묵히 정진하며 자신을 준비하다 보니 당시 가장 큰 조직사회인 애굽의 국무총리라는 역할을 줘도 충분히 해낼 수 있었다.

오늘 우리도 맡겨진 자기 일에 최선을 다할 수 있는 마음가짐을 가져야 한다. 그 모든 상황에서 인내할 수 있도록 하나님의 도우심을 구해야 한다. 오늘 나의 일터에서 귀찮고 힘들지만 총무의 역할을 다하다 보면 뒷날 하나님이 보다 큰 마당에서 총무로 일하도록 우리를 이끌어주실 것이다.

다윗처럼 개인기를
적극적으로 계발하라

'T형 인재'라는 표현이 있다. 일본 토요타자동차에서

처음으로 사용했다고 알려진 이 표현은 오늘날 우리 시대에 필요한 인재의 한 모델이다. 기업의 인사담당자들이 구인전략의 한 표준으로 제시하기도 한다. 다윗을 통해서 이 T형 인재를 이해할 수 있다.

T자의 아래로 내려그은 획은 자신의 직업적인 전문성을 말한다. 이런 전공능력이 있어야 직업인으로서 영향력을 발휘할 수 있다. 그러나 직업적인 능력만 갖추고 있다고 일을 잘하는 것은 아니다. T자의 옆으로 그어진 획은 전문성에 곁들인 추가적인 능력을 말한다. 인간관계나 팀워크 능력, 리더십, 취미생활, 개인기 등 업무 외적인 능력을 말한다. 다윗은 바로 이런 두 가지 능력을 다 갖추고 있었다.

우선 다윗은 목동으로서 전문성을 가지고 있었다. 앞에서 살펴본 대로 물매를 이용해 물맷돌을 던져 곰이나 사자를 죽인 적도 있고, 나아가 골리앗과 맞서 싸울 때 바로 그 전문성을 잘 활용했다. 달려가면서도 정확하게 조준하여 골리앗의 이마에 물맷돌을 명중시켰고, 돌이 이마뼈를 뚫고 머릿속에 박힐 정도로 강력하게 던지는 능력을 갖추고 있었다. 이것이 목동이었던 다윗의 전문성이다. 성령님이 다윗과 함께하셨다.

그에 덧붙여 다윗에게 한 가지 능력이 더 있었는데 바로 수금을 연주하는 능력이었다. 이것은 취미생활이기도 하고 일종의 개인기였다고 볼 수 있다. 이 능력을 통해 다윗은 사울왕의 악사 겸 비서가 되어 사울왕의 궁궐에 입성하는 계기를 마련했다. 거기서 궁궐의 문화를 익히는 혜택을 누렸다.

사실 다윗은 어린시절에 왕으로 기름 부음을 받았지만 아버지가 왕은 아니었다. 자신이 왕조를 시작해야만 했다. 그러니 궁궐의 문화를 익힐 방법을 스스로 찾아야 했다. 그런 기회가 왔다. 사울왕의 신하들이 보니 종종 악령에 사로잡히는 사울왕을 '음악 치료'를 통해 치유할 수 있겠다고 판단했던 것 같다. 사울왕의 곁에 늘 붙어 있다가 수금을 영감 있게 연주하여 악령을 쫓아낼 수 있는 사람을 찾았다. 한 사람이 다윗을 추천했고, 아마도 수금을 연주하는 오디션과 청문회를 거쳐서 왕의 악사 겸 비서로 발탁되었을 듯하다. 다윗은 용기 있고 무술 능력도 탁월하며 말도 잘하고 용모도 준수했다. 더구나 하나님이 함께하시는 소년이었다(삼상 16:18).

그래서 왕의 궁궐로 출근하게 된 다윗은 늘 사울왕의 곁에서 왕과 신하들이 어떤 이야기를 나누는지 들었다. 왕이 어떤 결재서류에 사인하는지 지켜보았다. 다윗의 궁궐생활은 매우 유익한 제왕수업의 기회였다. 이보다 더 좋을 수 없는 기회를 다윗은 취미생활인 수금 연주능력을 통해 확보했다. 이런 일이 다윗이 자신의 왕조를 건설하는 데 큰 도움이 되었을 것은 너무도 당연하다.

자기 계발의 방식에 대하여 영국의 작가이자 문화사상가인 로먼 크르즈나릭은 흥미로운 두 가지 방법을 제시한다(「인생학교 : 일─일에서 충만함을 찾는 법」, 쌤앤파커스 펴냄, 113-116쪽). 하나는 '르네상스 제너럴리스트'로 동시에 여러 분야에 도전하는 방법이다. 자기의 재능과 특성을 다 계발해야만 완전한 인간이 된다는 르네상스 시대의 이상을 반영하는 자기 계발 방법이다. 레오나르도 다빈치를 생각하면 이해가 빠르다. 다빈치는 화가, 엔지니어, 발명가, 과학자, 철학자, 음악가 등 다양한 영역에서 온갖 호기심을 가지고 대단한 업적을 남겨 놓았다.

영국 경영사상가 찰스 핸디가 말하는 '포트폴리오 노동자'가 바로 오늘날의 르네상스 제너럴리스트라고 할 수 있다. 자본주의 사회의 직업시스템이 점차 정규직 노동자가 되어 일하기 힘든 시대가 되어가고 있다. 유럽에는 지금도 여러 가지 일을 해야만 하는 사람들이 꽤 많고 실업률도 높다. 이런 상황에서 두 가지 혹은 여러 가지 일을 각각 파트타임으로 하면서 자신의 삶에 대해 포트폴리오를 잘 구성하여 살아가는 지혜가 필요하다(찰스 핸디 지음, 「포트폴리오 인생」, 에 이지21 펴냄, 205-207쪽).

그런데 이 방법은 경제적인 불안정을 피하기 힘든 단점이 있는데 그에 대한 대안으로 '연속 스페셜리스트'의 방법을 로먼 크르즈 나릭은 제시한다. 이것은 하나씩 차례로 시도하는 자기 계발의 방법이다. 이 방법은 다양한 재능과 열정에 흠뻑 취할 수 있고, 요즘 은퇴 시기가 계속 앞당겨지고 수명은 길어지는 상황에서 여러 가지 다양한 직업에 종사해볼 기회도 만들 수 있다.

'경영학의 아버지'로 불리는 피터 드러커는 30여 권의 책을 썼는데 자신을 가리켜 '생태사회학자'라고 이름 붙인 그는 경영학만이 아니고 법학, 정치학, 경제학, 사회학 같은 사회과학 전반의 책들을 썼다. 드러커는 자신의 그런 집필에 대해 과거 자신이 신문기자로 여러 주제의 글을 써야 했기 때문이라고 이야기한다. 3, 4년마다 다른 주제를 택해서 공부하기를 70년 가까이 했다고 한다. 그 과목으로는 통계학, 중세 역사, 일본 미술, 경제학 등 다양했다.

이런 방법으로 연속적으로 자신의 분야에서 전문성을 갖기 위해 독서하고 공부하여 자기 계발을 하는 방법이 있다. 우리도 나름의 방법으로 취미와 개인기를 확보해두면 자신의 풍요로운 삶에 도움이 된다. 또한 새로운 직업적 돌파구를 찾는 계기로도 활용할 수 있다. '양들'을 돌보면서 '수금'을 들고 인생과 직업과 하나님 나라에 대해 연주해보라!

다니엘의 당당 무욕
캐릭터로 무장하라

다니엘 또한 하나님의 영에 충만한 사람이라는 평가를 받았다. 바벨론제국의 마지막 왕인 벨사살왕의 방탕한 연회 석상에 등장한 손가락 글씨를 해석하는 과정에서 하나님의 영이 함께한다는 평가를 받았다. 갑자기 벽에 손가락이 나타나서 글을 썼는데 신하들은 아무도 해석하지 못해 왕이 두려워 떨었다. 이때 왕비가 이런 추천사로 다니엘을 천거했다.

"왕의 나라에 거룩한 신들의 영이 있는 사람이 있으니 곧 왕의 부친 때에 있던 자로서 명철과 총명과 지혜가 신들의 지혜와 같은 자이다. 왕의 부친 느부갓네살왕이 그를 세워 박수와 술객과 갈대아 술사와 점쟁이의 어른을 삼으셨으니 왕이 벨드사살이라 이름하는 이

다니엘은 마음이 민첩하고 지식과 총명이 있어 능히 꿈을 해석하며 은밀한 말을 밝히며 의문을 풀 수 있었나이다"(단 5:11-12).

다신교 신앙인 그들의 신관을 반영하여 "거룩한 신들의 영이 있는 사람"이라고 했으나 왕비의 눈으로 볼 때 다니엘이 섬기는 신의 영감을 받은 사람이라고 이해했다. 왕비가 볼 때 다니엘의 명철과 지혜와 총명함이라는 정치적인 능력은 다니엘이 섬기는 하나님의 영이 감동한 능력이었다.

이런 다니엘이 60여 년 전 느부갓네살왕이 예루살렘 성전에서 약탈해온 금그릇과 은그릇으로 술을 마시며 하나님을 조롱하던 벨사살왕의 간담을 서늘하게 만들었다. 그들이 하나님을 조롱하면서 자신들의 신을 찬양할 때 벽에 손가락이 나타나서 알지 못할 글자를 쓰는 것을 보고 사람들은 혼비백산했다.

오늘날 우리의 일터나 세상도 이 바벨론 궁궐과 같이 흥청거린다. 건전한 가치나 미덕보다는 성공과 사치와 방탕을 목표로 경쟁하는 듯한 인상을 준다. 이런 세상 속에서 과연 다니엘은 어떻게 크리스천 직업인의 캐릭터를 드러냈는가? 다니엘은 하나님이 쓰신 벽의 글자를 정확히 해석하고 조금도 흐트러짐 없는 자세로 왕에게 해석을 알려주었다. 다니엘은 글자를 해독하기 전에 벨사살왕에게 바벨론의 역사를 회고하며 벨사살왕을 책망했다. 방탕한 술자리로 하나님을 모독하고 이방 신상들을 찬양한 우상 숭배를 질책했다(단 5:23). 그리고 다니엘은 "하나님이 이미 왕의 나라의 시대를 세어서 끝나게 하셨고(메네 메네) 왕을 저울에 달아 보니 부족함이 보였고(데겔) 왕의 나라가 나뉘어서 메대와 바사 사람에게 준 바 되었다(베레스)"라는 문자의 해석을 하나도 가감 없이 벨사살왕에게 알렸다.

이전에 다니엘이 느부갓네살왕에게 당당하게 하나님의 뜻을 전했던 것처럼 벨사살왕에게도 서슴없이 하나님의 뜻을 전하는 모습을 보여준다. 하나님의 안목으로 당대 최고 권력자인 바벨론제국의 왕을 야단쳤다.

탁월한 능력과 더불어 다니엘이 가진 성품이 눈에 띄었다. 부와 성공을 좇는 모리배 정치인들과 달리 다니엘은 훌륭한 캐릭터를 가지고 있었다. 벽에 쓰인 글자를 해석하면 많은 상금을 주고 총리의 자리를 주겠다는 제안을 다니엘은 물리쳤다. "왕의 예물은 왕이 친히 가지시며 왕의 상급은 다른 사람에게 주옵소서. 그럴지라도 내가 왕을 위하여 이 글을 읽으며 그 해석을 아뢰리이다"(단 5:17). 당당하게 능력을 발휘하면서도 이렇게 욕심 없는 캐릭터의 소유자에게 누가 감히 비난의 손가락질을 할 수 있겠는가?

이렇게 능력으로 무장하여 당당하고 욕심 없는 태도가 오늘 우리 크리스천 직업인에게도 요구된다. 훌륭한 인격을 가지고 당당하게 자신의 능력을 발휘하는 사람이 우리의 일터에 필요하다. 이런 사람이야말로 오늘날 우리 시대가 요구하는 멋진 전문가이다. 이런 사람이 일터를 변화시킬 수 있고 세상에 복을 가져다줄 수 있다.

나는 다니엘의 당당 무욕(無慾) 캐릭터로 무장하면 오늘날 우리의 일터에서도 효과적으로 영향을 미칠 수 있으리라 생각한다. 기도하면서 영적으로 무장하고 당당하게 자기 일을 감당하여 욕심 없는 태도로 인정받으면 우리가 21세기의 다니엘이 될 수 있다.

하나님 나라를 세우는 멋진 전문가였던 한 사람을 소개한다(윌리엄 딜 지음, 「일요일은 주일! 평일은 죄일?」, 한세 펴냄, 39-41쪽).

1989년 2월 24일 새벽 2시경, 뉴질랜드행 유나이티드 항공 811편 비행기가 하와이 호놀룰루 공항을 이륙했다. 비행기가 6,700m 고도에 이르렀을 무렵 동체가 심하게 흔들리면서 화물칸 문이 강풍에 열려 동체 측면에 길이 8m, 높이 3m의 구멍이 뚫렸다. 그 일로 인해 승객 9명이 비행기 밖으로 사라져버렸다. 데이비드 크로닌 기장은 즉시 상황을 파악하고 160km 떨어진 하와이로 기수를 돌렸다. 그는 38년간 공군과 민간항공사에서 조종사로 일한 모든 지식과 경험을 동원했다.

그런데 비행기는 장거리 운항을 위해 많은 양의 연료를 실었기에 그대로 착륙하다가는 바퀴가 부서질 상황이었다. 크로닌 기장은 연료를 쏟기 시작했다. 또 비행기의 속도를 늦추는 보조날개가 작동되지 않아 호놀룰루 공항의 가장 긴 활주로에서 시속 310km로 착륙해야만 했다. 규정 속도를 40km나 넘었고, 무게도 착륙 시의 최대 허용치보다 22t이나 초과했다. 그런데도 크로닌 기장은 승무원과 승객들에게 영원히 기억에 남을 만한 대단히 매끄러운 착륙을 해냈다. 항공전문가들은 그 착륙을 기적이라고 불렀다.

이 무시무시한 사건이 지난 며칠 후, 크로닌 기장은 인터뷰에서 화물칸 문이 날아가 버린 것을 알았을 때 처음 떠오른 생각이 무엇이었느냐는 질문에 이렇게 대답했다.

"승객들을 위해 잠깐 기도한 후 곧바로 제 본연의 임무로 돌아왔습니다."

그 악몽 같은 밤을 지낸 생존자들은 크로닌 기장이 탁월한 능력을 갖춘 사람이고, 하나님을 신뢰하는 사람이었다는 사실에 감사하지 않았겠는가?

능력으로 무장하여 당당하고 욕심 없는 태도가
오늘 우리 크리스천 직업인에게도 요구된다.
훌륭한 인격을 가지고 당당하게
자신의 능력을 발휘하는 사람이
우리의 일터에 필요하다. 이런 사람이야말로
오늘날 우리 시대가 요구하는 멋진 전문가이다.

너희는 이 세대를 본받지 말고 오직 마음을 새롭게 함으로
변화를 받아 하나님의 선하시고 기뻐하시고
온전하신 뜻이 무엇인지 분별하도록 하라. 롬 12:2

PART 3

깡과 꾀로
무장한 투사

악한 세상과 맞설
크리스천 깡이 필요하다

하나님이 사랑하신 '세상'으로 독생자 예수를 보내셨다(요 3:16).
그리고 예수님은 우리를 세상으로 보내셨다(요 17:18, 20:21). 그런
데 세상의 또 다른 측면이 있다. '세상'은 우리를 미워하기에 우리는
세상에 속해서는 안 된다. 우리는 세상을 떠나서는 안 되지만, 세상
에서 악에 빠지지 않아야 한다(요 17:14-16). 육신의 정욕과 안목의
정욕과 이생의 자랑은 아버지로부터 오지 않고 세상으로부터 온다
(요일 2:15-16). 우리는 이런 측면의 세상을 사랑하면 안 된다.

세상을 향한 이런 양면적인 이해가 단순하지는 않다. 사도 바울
은 고린도 교인들에게 편지하면서 하나님을 모르는 사람들을 도무지
사귀지 말라는 뜻이 아니라고 말한다. 만약 그렇게 한다면 세상 밖으
로 나가야 할 것이라고 강조한다(고전 5:9-10). 우리는 세상에서 함
께 살아가는 사람들을 긍휼히 여기며 그들에게 복음을 전해야 한다.

하지만 세상의 악한 모습에는 단호히 맞서야 한다. 바울은 세상 속 크리스천의 정체를 유지해야 하는 우리에게 분명한 가르침을 준다.

"너희는 이 세대를 본받지 말고 오직 마음을 새롭게 함으로 변화를 받아 하나님의 선하시고 기뻐하시고 온전하신 뜻이 무엇인지 분별하도록 하라"(롬 12:2). 세상 속에서 살아가는 우리는 하나님의 뜻을 찾는 일을 위해 노력해야 한다. 하나님의 뜻은 다름 아닌 말씀이다. 하나님의 뜻인 말씀에 기초할 때 우리는 크리스천다운 깡을 드러내며 하나님이 기뻐하시는 진정한 투사(Fighter)가 될 수 있다. 꽉 막힌 도덕군자 행세를 한다고 비난받아도 좋다. 우리의 기준은 어떤 도덕이나 가치, 세상의 신념도 아닌 바로 하나님의 말씀임을 명심해야 한다.

이런 깡을 갖지 못하면 우리는 비루먹은 강아지처럼 깨갱거릴 수밖에 없다. '나는 왜 깡이 없을까?'라고 고민하며 주저앉아 있지 말고, 말씀에 근거한 크리스천 깡으로 세상에서 용기 있는 투사가 되어야 한다. 그렇다면 크리스천 투사가 무장할 크리스천 깡은 과연 어떤 것인가?

물맷돌 내공으로 무장한 깡으로
골리앗과 맞서라

일터사역을 해오다 보니 나는 교회와 같이 신앙을 가

진 사람들이 모인 곳보다 신앙을 갖지 않은 사람들이 더 많은 곳에서 자주 설교하는 편이다. 그래서 믿지 않는 사람들이 목사의 설교나 강의를 어떻게 이해할까 종종 고민한다. 신앙이 없는 청중들도 아는 이야기를 설교하면 공감을 얻어내기가 더 좋은데, 다윗과 골리앗의 이야기는 교회에 나오지 않는 사람들도 거의 다 알고 있는 대표적인 설교 소재이다. 그래서 사무엘상 17장을 본문으로 해서 자주 설교하곤 했다.

그런데 다 알고 있는 이야기지만 다윗의 용기를 하나님을 믿지 않는 사람들에게 이해시키기가 쉽지 않았다. 하나님을 모욕하는 골리앗을 맞받아 다윗이 했던 '선전 포고'는 물론 우렁찬 목소리였다. "너는 칼과 창과 단창으로 내게 나아 오거니와 나는 만군의 여호와의 이름 곧 네가 모욕하는 이스라엘 군대의 하나님의 이름으로 네게 나아가노라. 오늘 여호와께서 너를 내 손에 넘기시리니 내가 너를 쳐서 네 목을 베고 블레셋 군대의 시체를 오늘 공중의 새와 땅의 들짐승에게 주어 온 땅으로 이스라엘에 하나님이 계신 줄 알게 하겠고 또 여호와의 구원하심이 칼과 창에 있지 아니함을 이 무리에게 알게 하리라. 전쟁은 여호와께 속한 것인즉 그가 너희를 우리 손에 넘기시리라"(삼상 17:45-47). 전쟁을 하면 보통 기선을 제압하기 위해 모욕적인 말로 비방하고 욕을 하면서 하는 것이 당연했을 텐데, 다윗은 '하나님의 이름'이 어떻다고 하면서 허풍을 떠는 것 같은 느낌이다.

나는 다윗의 용기를 어떻게 사람들에게 알려줄 수 있을지 고민했다. 그러던 어느 날, 우연히 녹음된 테이프를 정리하다가 지금도 기독교 치유상담사역을 하는 정태기 박사님의 강의를 듣게 되었다.

정태기 박사가 미국에 가서 꿈에 관해 연구할 때 식사초청을 받았다. 경남 충무(통영)에서 호텔업을 하다가 미국에 가서도 사업을 하던 강 집사의 초대를 받은 것이다. 사냥을 다녀왔다면서 식사에 초대했다. 가서 보니 곰 고기와 사슴 고기가 있었는데 전에도 그 집에서 맛본 적이 있는 고기들이었다. 그런데 전에 먹어본 적이 없는 고기가 상에 올라왔는데, 바로 호랑이 고기였다. 호랑이 고기가 육질이 부드럽고 매우 맛이 좋았다고 한다.

식사를 마친 후 거실에서 비디오를 보며 호랑이를 잡은 이야기를 듣게 되었다. 강 집사의 형제가 키우던 사냥개들과 함께 눈이 많이 오던 날 사냥을 나갔는데 커다란 짐승 발자국이 나 있고 호랑이 포효소리가 들렸다. 개들이 놀랄 줄 알았으나 오히려 호랑이 소리가 나는 쪽으로 달려갔다. 이어 개들의 짖는 소리와 호랑이 포효하는 소리가 골짜기에서 쩌렁쩌렁 울려왔다고 한다. 무섭기도 했는데 가만히 들으니 개들이 주인을 부르는 소리가 들렸다.

강 집사 형제는 총을 고쳐 잡고 호랑이의 발자국을 따라서 서서히 걸어갔다. 촬영하던 비디오는 거기서 끝나 있었다. 개들이 사정없이 짖어대고 있는 쪽으로 가까이 가보니 개들은 나무 밑에서 뱅뱅 돌며 나무 위를 향해 짖고 있었다. 처음에는 호랑이를 볼 수 없었다.

그러나 가까이 가서 나무 위를 올려다보고는 소스라치게 놀랐다. 바로 그 나무 위에 커다란 호랑이가 올라가 웅크리고 있었고, 사냥개들은 나무 아래서 호랑이를 향해 짖으면서 꼼짝 못 하게 압도하고 있었다. 그래서 나무 위에 있는 호랑이를 총으로 쏴서 떨어뜨렸다. 그야말로 황소만큼 커다란 호랑이였다. 강 집사는 죽은 호랑이의 사진을 찍어 보도한 지역신문도 보여주었다.

정태기 박사는 심리학을 전공한 학자로서 가만히 심리적인 분석을 해보았다. 먼저 호랑이의 심리상태를 분석했다. 그 호랑이는 지금껏 큰 소리로 포효하거나 저주파로 으르렁거리면 꼬리를 감추고 달아나지 않은 짐승이나 사람이 없었다. 그런데 그 사냥개들은 사정없이 덤벼드는 것이었다. 그러니 호랑이가 순간적으로 당황했을 테고 기선을 제압당해 나무 위로 몰리는 수모를 겪었다. 나중에 강 집사 형제가 사냥개들을 살펴보니 몸에 상처가 하나도 없었다. 호랑이가 사냥개들을 전혀 건드리지도 못하고 나무 위로 피해 올라갔던 것이다.

그리고 사냥개들의 심리상태도 분석했다. 강 집사의 사냥개들은 지난 5년 동안 주인들과 함께 사냥을 나가서 쓰러뜨리지 못한 사냥감이 없었다. 주인들과 함께라면 언제나 사냥감들을 제압해왔다. 그러니 덩치가 좀 크고 무늬도 징그럽고 전에 만나본 적이 없어서 낯설긴 하지만 커다란 호랑이 앞에서도 기죽지 않고 사정없이 덤볐다. 결국 용기 있는 사냥개들이 호랑이를 나무 위로 몰아붙일 수 있었다.

강의 테이프를 들으면서 바로 이 부분에서 전광석화와 같이 나의 뇌리를 때리는 느낌이 있었다. 이 사냥개들의 심리상태가 바로 다윗이 가졌던 생각과 비슷하다. 다윗은 하나님이 함께하셔서 맹수들을 물리쳐 이긴 경험을 이미 가지고 있었다. 사자와 곰의 아가리에서 새끼 양들을 빼앗아 왔던 내공이 이미 다윗에게 있었다. 다윗은 골리앗을 자기가 양을 돌보면서 쳐 죽인 짐승들과 같은 존재로 보았다. "주의 종이 사자와 곰도 쳤은즉 살아 계시는 하나님의 군대를 모욕한 이 할례 받지 않은 블레셋 사람이리이까. 그가 그 짐승의 하나와 같이 되리이다"(삼상 17:36).

이런 다윗의 깡이 거인과 맞서 싸워 승리한 대단한 역사를 만들었다. 다윗의 용기가 얼마나 대단했는지 확인해볼 수 있는 성경 기록 속의 팩트가 있다. 바로 물맷돌 다섯 개였다. 다윗은 골리앗과 맞서기 위한 물맷돌을 시냇가에서 구했다. 그런데 왜 하필 '다섯 개'를 준비했을까? 하나를 던져서 맞히지 못하면 또 던지기 위해서, 병사들이 화살을 여러 개 준비하듯이 여분으로 준비할 수 있었다. 그런데 다섯 개라면 부족하지 않겠는가?

존 헌터 목사의 책 「하나님을 제한하지 말라」에 보면 이때 다윗이 물맷돌을 다섯 개 준비한 행동에는 특별한 목적이 있었다. 사무엘하 21장 15~22절이 다윗 시대에 블레셋에서 활동하던 거인 장수들에 대해서 알려준다. 다윗이 나이도 많고 피곤한 상태로 블레셋의 거인 장수 이스비브놉과 맞서 싸울 때 아비새 장군이 도와서 그를 죽였다. 그 후에 역시 거인족 후손인 삽과 골리앗의 아우 라흐미, 손가락과 발가락이 여섯 개씩 있던 거인도 다윗의 부하들이 죽였다. 이 네 명의 거인족 후손과 전에 다윗이 죽였던 골리앗을 합하면 거인이 모두 다섯 명이었다.

그런데 사무엘상 17장에서 묘사하는 전쟁은 전면전이었다. 사무엘상 17장 1절과 8절에서 묘사하는 블레셋 '군대'와 이스라엘 '군대'는 한 국가의 정규군을 말하는 용어이다. 이스라엘 진영에는 사울왕도 참전해 있었으니 국가의 운명을 걸고 맞붙은 전면 전쟁이었다. 이런 상황이니 거인족 다섯 장수는 모두 참전했다. 골리앗과 맞선 다윗은 골리앗의 뒤에서 군대를 이끌고 서 있는 거인 장수 네 명도 틀림없이 보았다. 거인들이니 더욱 잘 보였다.

그러니 다윗이 물맷돌을 다섯 개 준비해간 이유가 무엇인가? 돌하나에 한 명씩 다섯 거인을 다 상대하겠다는 생각이었다. 자기 능력으로 다섯 거인을 다 상대할 수 있다고 생각했을까? 만약 그랬다면 다윗은 무모했고 경솔했다. 당시에 다윗은 정상적으로 판단하고 있었다. 다윗은 골리앗을 아무 힘도 없는 무능한 존재로 보지 않았다. "여호와께서 나를 사자의 발톱과 곰의 발톱에서 건져내셨은즉 나를 이 블레셋 사람의 손에서도 건져내시리이다"(삼상 17:37).

다윗은 골리앗을 양 떼에게서 새끼를 잡아채 가던 짐승들과 같은 존재로 보았고, 하나님이 도우셔서 맹수들을 이길 수 있었던 것처럼 하나님이 이기게 하시리라 확신했다. 자신의 힘으로 블레셋의 거인 장수들을 상대할 수 있는 것이 아니라 하나님의 힘으로 이길 수 있다고 생각했다. 바로 호랑이를 나무 위로 몰아붙였던 사냥개들이 가졌던 용기를 다윗이 가지고 있었다.

다윗의 이런 깡이야말로 매우 놀라운 캐릭터이다. 자기 힘만 믿고 설치던 골리앗과 같은 세상 사람들이 깜짝 놀랄 용기이다. 다윗의 용기와 열정을 본받을 때 우리는 다윗처럼 골리앗과 같은 세상에 맞서 놀라운 승리를 거두는 축복을 누릴 수 있다.

"그만!"이라고 소리치는 깡으로
보디발의 아내와 맞서라

요즘 교회 안팎으로 성적 타락이 얼마나 심각한지 우리가 모두 잘 알고 있다. 크리스천 깡으로 성적 유혹도 이겨내야 한다. 서울의 한 대형교회 유치부를 섬기는 목사님이 있었는데 창세기 연속설교를 하다가 요셉이 유혹받는 부분을 빠뜨릴 수는 없어서 고민했다고 한다. 초등학교도 들어가지 않은 아이들에게 요셉이 감옥에 가게 된 이유를 반드시 설명해야 했지만 아이들이 알아듣게 설명할 방법이 애매해서 고민하다가 이렇게 설교했다.

"어느 날, 보디발 장군의 아내가 요셉을 보고 이렇게 말했어요. '요셉아, 요셉아, 우리 오늘은 침대에서 놀래?'"

그랬더니 예닐곱 살 된 아이들이 책상을 치며 발을 구르면서 깔깔거리고 웃었다고 한다. 침대에서 노는 것이 무엇인지 잘 안다는 뜻이었다. 요즘에는 초등학교에도 입학하지 않은 우리 아이들도 '침대에서 노는 것' 정도는 다 안다. 아이들에게도 우리 사회의 비정상적인 성문화가 노출되어 있다는 것이고, 아이들도 그렇게 영악해진 현실이다. 어른들이 만들어놓은 문화적인 영향이 아닐 수 없어 안타깝다. 이런 시대에 우리가 성적 유혹과 맞서기 위해서는 특별한 각오를 하며 대비하지 않으면 안 된다. 요셉에게서 성적 유혹을 이겨낼 용기를 배워야 한다.

애굽으로 끌려간 요셉은 당시 애굽의 막강한 실력자였던 친위대장 보디발의 집에 노예로 팔려 갔다. 그곳에서도 성실하게 일해서 보디발의 신임을 얻었으나 보디발의 아내가 집요하게 유혹했다. 교회생활을 오래 한 사람들이라면 잘 알고 있는 이 이야기는 너무나 익숙해서 자칫 그 심각성을 놓치기가 쉽다. 그래서 요셉이 받았던 성적 유혹이 왜 거절하기가 힘들었는지 그 이유를 차근차근 생각해 볼 필요가 있다.

첫째, 요셉은 외로워서 유혹을 견디기 힘들었다. 외로움은 죄의 통로가 되기 쉽다. 17세에 노예로 팔려 와서 아마도 10년쯤 지난 때로 보인다. 나중에 요셉이 서른 살에 총리가 되고 술 맡은 관원장이 구명해주겠다고 약속했다가 까맣게 잊어버린 기간이 만 2년에, 감옥에 들어가서 적응했을 기간을 1년 정도 생각하면 아마도 당시 요셉의 나이는 27세쯤 되었을 것이다. 그 기간만큼 요셉은 외로웠고, 더구나 부모님도 계시지 않고 혼자뿐이니 아무도 간섭할 사람이 없어 더욱 유혹에 빠지기 쉬웠다.

둘째, 요셉은 혈기가 넘치고 성적 욕구가 왕성한 젊은이여서 성적 유혹에 빠지기 쉬웠다. 보디발의 아내는 한 번만 요셉을 유혹하지 않았다. 날마다 유혹했는데 똑같은 방법으로 유혹했을 리가 없다. 보디발의 아내는 창의적으로 요셉을 유혹했다. 아마도 그중 가장 강력한 유혹이 '모성애 코드'가 아니었을까 생각해본다.

애니메이션 영화 〈이집트 왕자 2: 요셉 이야기〉(Joseph: King of Dreams, 2000, 롭 라두카, 로버트 C. 라미레즈 감독)에서 비슷하게 묘사하고 있다. 요셉이 전리품으로 가득 찬 창고를 정리하면서 벽을 그림으로 장식했다. 그 벽화에 애굽을 배경으로 삼지 않은 그림이 있었다. 바로 요셉의 고향 땅이었다. 보디발의 아내가 물어본다. 그러자 가족에 대해 말하던 요셉이 형들의 그림을 보면서 그들에게 팔려 애굽으로 왔다는 아픈 기억을 되살린다. 그러자 보디발의 아내는 바로 자기가 요셉의 가족이 되어줄 수 있다면서 요셉을 위로한다. 자신이 어머니가 되어줄 것이고, 또한 아내처럼 가정을 꾸려줄 수 있겠다고 하는 교묘하고도 심각한 유혹의 추파를 던진다. 요셉의 입장에서 그런 유혹이 얼마나 힘들었을지 상상할 수 있다.

요셉이 유혹을 이기기 쉽지 않았던 세 번째 이유는 신앙적인 갈등이어서 더욱더 치명적이었다. 당시 요셉은 어린 시절에 하나님이 자신에게 주신 꿈이 어떤 것인지 알고 있었다. 높은 지위에 올라 사람들이 와서 절하는 자리였는데 보디발의 집에서는 더 이상 승진의 기회가 없었다. 보디발이 애굽의 고위관리이긴 했으나 기껏해야 그의 집에서 집사에 해당하는 가정총무 역할을 하며 노예들을 책임진 사람이었고, 그의 신분은 여전히 노예였다.

그런 상황에서 높은 지위에 오르려면 어디로 가야했을까? 보디발의 집 가까운 곳에 있는 애굽 궁궐로 진출해야 했다. 보디발 아내의 요구에 은밀하게 응해주고 좋은 관계를 유지한다면 어떤 반사이익이 돌아올지 요셉은 틀림없이 생각했을 것이다. 당시 애굽제국은 세계 최강의 나라였다. 그 나라의 왕을 호위하는 친위대장의 아내와 그렇고 그런 관계가 된다면, 궁궐의 관리자리 하나 얻어서 차근차근 올라가고 꿈을 이룰 수 있지 않았겠는가? 그것이 잘하는 행동이라는 뜻이 아니라 그럴 수 있다는 가능성을 생각해보라. 요셉이 이렇게 생각할 수 있었다. '이야~ 내가 어릴 적에 꾼 꿈이 이렇게 실현되려는가 보다. 내가 이곳 낯선 애굽 땅에서 어떻게 고위관직에 올라 뭇사람들이 절하는 자리에 오르겠는가! 바로 이 방법이다!'

그러나 요셉은 그렇게 하지 않았다. 그런 가능성을 생각은 했겠으나 유혹의 현장에서는 단호하게 "내가 어찌 이 큰 악을 행하여 하나님께 죄를 짓겠습니까? 저는 그렇게 하는 것이 싫습니다!"라고 외치며 주인 아내의 요구를 거절했다.

그렇다면 요셉이 어떻게 유혹을 이길 수 있었을까? 성적인 유혹을 이겨내는 방법 한 가지를 요셉에게서 배울 수 있다. 물론 성적인 유혹에만 해당하는 것이 아니라 인생에서 경험하는 모든 유혹에도 적용할 수 있다. 유혹받을 때 "그만!"이라고 소리쳐보라. 강하게 소리쳐야 한다. 물론 사람들이 옆에 있을 때는 자신의 속사람을 향해서 내면의 소리를 내야 하지만 사람들이 없는 곳에서 유혹받는다면 강하게 소리 질러보라. "그만!"

유혹받는 현장에서 이렇게 수단과 방법을 가리지 않고 "그만!"이라는 의미를 가진 고함을 질러야 하는 이유는 무엇인가? "그만!"이라는 외침에는 이런 기도가 담겨 있다. "나사렛 예수 그리스도의 이름으로 내가 네게 명하노니 내게서 악한 생각과 행동을 하게 하는 사탄아, 물러갈지어다."

유혹이 앞에 있을 때 자신에게 "그만!"이라고 소리치면서 기도하라. 성령님을 의지하여 악한 사탄의 유혹과 맞서라. "간음하지 말라!"고 하신 하나님의 말씀을 기억해야 한다. 나를 위해 십자가에 달려 돌아가신 예수 그리스도의 붉은 보혈을 보아야 한다! 그러면 하나님이 유혹을 이겨낼 힘을 주신다.

특히 성적 유혹의 현장에서는 요셉처럼 도망치는 방법이 최선이다. 미리 그렇게 유혹받을 만한 빌미를 제공하지 않기 위해 둘만 있는 시간조차 만들지 않은 요셉이었다. 그런데 마침 그날은 집안에 아무도 없는 상황이었고, 그 사실을 모른 채 요셉이 일하러 집으로 들어갔다. 마침 보디발의 아내가 교묘하게 함정을 파놓았다.

이런 예기치 못한 돌발 상황에서도 요셉은 참으로 현명했다. 요셉은 자기 옷을 붙들고 늘어지는 보디발의 아내를 뿌리치고 도망갔다. 요셉은 옷을 여인에게 빼앗기고 도망친다면 강간의 누명을 쓸 것을 알았다. 당시에 주인의 아내를 범하려 한 노예는 사형당한다는 사실을 요셉이 몰랐을 리가 없다. 그러나 요셉은 목숨을 잃을 수도 있는 옷을 팽개치더라도 자신의 양심은 포기하지 않았다. 치명적인 유혹 앞에 이렇게 강력하게 대응하는 요셉을 우리가 배워야 한다.

세상에서 유혹을 이겨내기 위해
말씀으로 무장하라

요셉이 유혹의 현장에서 큰 믿음을 보여줄 수 있었던 원동력은 무엇이었을까? 무엇이 그렇게 치명적인 성적 유혹을 이길 수 있게 한 힘인가? 바로 하나님의 말씀이었다고 나는 생각한다. 어린시절부터 아버지 야곱에게서 받은 말씀교육의 영향으로 요셉은 치명적인 유혹을 이겨낼 수 있었다. 사실 말씀 외에 우리가 세상에서 받는 유혹을 이겨낼 방법은 없다. "청년이 무엇으로 그의 행실을 깨끗하게 하리이까. 주의 말씀만 지킬 따름이니이다. 내가 전심으로 주를 찾았사오니 주의 계명에서 떠나지 말게 하소서. 내가 주께 범죄하지 아니하려 하여 주의 말씀을 내 마음에 두었나이다"(시 119:9-11).

요셉은 하나님 말씀의 능력에 자신의 모든 것을 맡겼다. 틀림없이 요셉은 아버지 야곱에게 수없이 들어서 외우다시피 한 말씀을 마음속에 간직하고 있었다. 야곱은 족장 후보인 요셉에게 수시로 말씀을 교육했을 것이다.

토마스 만이 소설 「요셉과 그 형제들」에서 이 장면을 상상하고 있다. 요셉에게 하갈의 땅, 애굽 사람들의 음란함에 대해 긴 이야기를 해주던 야곱이 이렇게 말한다. "기분이 내키면 이웃 사람 침상 옆에 잠자리를 펴고 서로 여자를 바꾸기도 한다. 또 어떤 여자가 시장에 나갔다가 한 청년을 보고 욕정을 느끼면 그와 동침하는 일도 예사라더구나. 이 사람들은 짐승 같아서 오래된 신전 깊숙이 모셔놓은 짐승들 앞에 머리를 조아린다. 그리고 이런 이야기도 들은 적이 있다. 그 신전 안에 순결을 잃지 않은 처녀를 데리고 가서 온 백성이 지켜보는 가운데 빈디디라는 이름을 가진 숫염소와 교미를 시킨다지 뭐냐. 이런 풍습을 내 아들은 옳다고 보느냐?"(「요셉과 그 형제들」(1권) 야곱 이야기, 살림출판사 펴냄, 156-157쪽).

이런 방식으로 요셉은 아버지에게 말씀교육을 제대로 받았을 것이다. 또한 야곱 가족이 밧단아람 외할아버지댁에서 돌아온 후에도 여전히 생존해 계셨던 할아버지 이삭이 손자에게 말씀을 들려주었을 것이다. 할아버지 이삭은 족장 후보인 손자 요셉에게 어떤 말씀을 전해주었을까? 창세기 1장부터 37장까지 나오는 그 말씀, 오늘 우리가 보는 창세기의 말씀이 아니었겠는가? 족장들에게 전수된 바로 그 구전의 말씀, 혹은 기록된 형태로 전해졌을 그 말씀을 요셉은 듣고 또 들어 거의 외우지 않았겠는가! 그렇게 전해졌으니 오늘 우리가 성경의 첫 책, 창세기를 볼 수 있는 것이다.

요셉이 반복해서 들었던 이야기 중에는 어떤 말씀이 있었는가? 할아버지 이삭이 블레셋 땅에서 자기 아내를 누이라고 하여 아내를 빼앗길 뻔했던 이야기가 있었다(창 26:6-11). 또한 이 집안에는 그렇게 거짓말하는 '가족력'이 있었는지, 증조할아버지 아브라함은 그런 잘못을 애굽과 블레셋 땅에서 두 번씩이나 저질렀다(창 12:10-20, 20장). 그런 가슴 아픈 집안 어른들의 과거에 대해 요셉은 듣고 또 들어서 잘 기억하고 있었다.

만약 하나님이 개입하시지 않아 아브라함이나 이삭이 아내들을 이방 왕들에게 빼앗겼다면 어떤 일이 벌어졌겠는가? 그 가정의 순결은 깨어지고 만다. 그 사실을 너무도 잘 알고 있는 요셉은 보디발의 아내가 요구하는 대로 하여 죄를 범할 수 없었다. 남의 아내인 여인과 간통하는 범죄는 하나님이 짝지어주신 부부관계의 언약을 깨는 일이었다.

요셉이 들은 이야기 중에는 인류의 첫 조상인 아담과 하와의 결혼식 주례사 내용인 "이러므로 남자가 부모를 떠나 그의 아내와 합하여 둘이 한 몸을 이룰지로다"(창 2:24)라는 내용도 포함되었다. 하나님의 아들들이 사람의 딸들의 아름다움을 보고 자기들이 좋아하는 여자를 아내로 삼아 하나님의 진노를 산 일에 대해서도(창 6:1-3) 요셉은 들어서 알고 있었다. 요셉이 듣고 또 들어서 외우다시피 하고 있던 하나님의 말씀 구석구석 여러 곳을 살펴보아도 보디발의 아내가 요구하는 행동은 하나님께 너무도 큰 죄악이었다.

우리가 세상에서 '골리앗'이나 '보디발의 아내'라는 유혹에 맞서이기기 위해서는 말씀으로 무장하는 훈련이 꼭 필요하다. 말씀이 깡의 원동력이다. 다윗이 골리앗과 맞서며 하나님의 이름을 내세우고 나갔듯이, 요셉이 말씀을 기억하며 성적 유혹을 이겨냈듯이 우리는 말씀의 내공을 튼튼하게 쌓아가야 한다. 어린시절부터 말씀교육을 받았던 요셉은 그 말씀에 근거하여 유혹의 순간에도 하나님과 동행할 수 있었다. 말씀에 충실한 삶을 살 때 우리도 세상에서 요셉처럼 굳게 설 수 있다. 유혹을 이길 힘과 용기를 달라고 기도하자. 시편 기자처럼 기도하며 말씀으로 무장할 때 우리도 세상의 유혹을 이겨낼 수 있다. "내가 전심으로 주를 찾았사오니 주의 계명에서 떠나지말게 하소서"(시 119:10).

의무는 다하지만
권리를 포기하는 **전략적인 꾀**

크리스천 깡은 앞뒤 가리지 않고 덤비는 객기를 말하지는 않는다. 막무가내로 좌충우돌하다가 이리저리 걸려 넘어지는 만용이 용기는 아니다. 하나님 나라를 세우는 용기 있는 투사는 지혜로워야 한다. 거대한 구조적 악과 영악하고 교묘함으로 무장한 세상과 맞서기 위해서는 전략적인 지혜가 필요하다. 예수님도 제자들을 세상으로 보내는 것이 양을 이리 가운데 보냄과 같다고 말씀하셨다. 이리가 득시글거리는 것 같은 세상의 환경에서 우리는 비둘기 같은 순결함으로 무장해야 한다. 그런데 순결함을 드러내는 깡에 앞서 우리는 뱀 같은 지혜를 가져야 한다(마 10:16).

이 지혜는 '전략적 꾀'이다. 그렇다고 잔머리 굴리기는 아니다. 세상 속의 크리스천 투사가 보여주는 캐릭터인 참된 꾀이다. 힘으로 이기는 것만이 능사가 아니라 꾀로 이기는 지혜가 필요하다. 바로 대안을 세워서 대응하는 방법이다. 바벨론 궁궐에서 정체성의 위기를 겪으며 고군분투했던 다니엘과 세 친구를 통해 우리도 크리스천 투사의 전략적 꾀를 배워보자.

의무에 충실하여 크리스천의
정체성을 드러내라

　　　　예수님이 말씀하신 대로 우리는 세상에 살면서 구별되어야 한다(요 17:16-18). 세상에서 살다 보면 동화되기 쉬운데 세상에 속해서도 안 된다. 세상에 속하면 복잡하지 않고 편하긴 하다. 눈치 보거나 마음 졸이지 않아도 된다. 그러나 우리는 동화되지 말고 구별되며 적응하는 삶을 살아야 한다.

　이런 크리스천의 꾀바른 깡을 한마디로 '대안'이라고 표현할 수 있다. 목표를 달성해야 하는데 일반적으로 가는 길이 있지만 그 길로 가지 않고 다른 길을 찾아 목표하는 곳에 가는 것이다. 이 대안을 위해 우리는 개인적으로도 기도하며 지혜를 발휘해야 하겠고 함께 모여서 크리스천 공동체의 숙제를 풀며 바람직한 대안의 지혜를 모아야 한다. 자기 경험을 이야기하면서 성령님이 피차 가르쳐주시는 은혜를 얻을 수 있다면(골 3:16), 우리가 만들어가는 세상 문화변혁의 여정은 그리 외롭거나 고단하지 않다.

　히브리서 기자도 세상에서 우리 크리스천들이 화평함과 거룩함을 따라야 한다고 권면했다. "모든 사람과 더불어 화평함과 거룩함을 따르라. 이것이 없이는 아무도 주를 보지 못하리라"(히 12:14). 거룩함만을 추구하며 경직되게 사는 삶도, 화평함만을 추구하여 물에 술 탄 듯 술에 물 탄 듯 사는 삶도 옳지 않다. 나중에 주님의 얼굴을 제대로 뵈려면 우리는 화평함과 거룩함을 동시에 추구하는 양면작전을 지혜롭게 구사해야 한다.

우리 크리스천들은 교회 밖 세상에서 살아가며 정체성을 수시로 확인받는다. 이런 질문을 수시로 염두에 두며 살아야 한다. "당신은 누구인가?" 질문에 답하면서 어떻게 우리 자신을 밝혀야 하는가? 여기서 깡과 더불어 꾀가 필요하다. 바벨론 궁궐에 볼모로 잡혀간 다니엘과 세 친구가 오늘 세상에서 정체성의 위기를 수시로 겪는 우리 크리스천들의 꾀를 보여줄 적합한 캐릭터이다.

다니엘과 세 친구가 바벨론제국으로 끌려가 궁궐에 살면서 겪었던 정체성의 위기 항목은 세 가지였다. 이름이 바뀌는 것, 바벨론의 학문을 배우는 것, 그리고 왕이 하사하는 특별한 음식을 먹는 것이었다. 아마도 볼모로 잡혀 온 더 많은 유다 청년이 있었겠지만 다니엘서가 이름을 기록하는 유다 청년은 다니엘과 하나냐, 미사엘, 아사랴뿐이었다. 이들의 이름 속에는 공통점이 있다. 하나님을 뜻하는 히브리어 '엘'과 '야'를 발견할 수 있다.

해석에 따라 약간의 차이가 있지만 그들의 이름 뜻은 대체로 이런 뜻이었다. 다니엘(하나님은 나의 심판자이시다), 하나냐(여호와는 인자하시다), 미사엘(하나님과 같은 이가 누구인가?), 아사랴(여호와는 나의 구원이시다). 그들의 이름 속에는 이름대로 살아달라는 부모들의 신앙적 바람이 들어 있다. 하나님을 섬기는 사람의 믿음과 정체를 가지고 세상에서 살아가라는 기도가 반영되어 있다.

그런데 이 네 청년의 이름이 바뀌게 되었다. 벨드사살(바벨론 만신전의 최고 신인 벨 신이 가장 총애하는 왕), 사드락(달 신 아쿠의 권세), 메삭(아쿠 신과 같은 이가 누구인가?), 아벳느고(느고(=느보) 신의 종). 네 청년의 히브리식 이름이 그랬던 것처럼 바뀐 이름들도 하나같이 바벨론의 신앙적인 가치관이 담겨 있다. 다니엘과 세 친구가 겪었던 개명은 심각한 정체성의 위기였다. 하나님은 나의 심판자라는 이름의 뜻을 가진 다니엘이 하루아침에 벨 신이 가장 총애하는 왕이라는 뜻의 벨드사살로 불려야 하는 현실은 그리 녹록하지 않은 심각한 위기였다. 정체성의 위기였으나 그들의 처지에서 어쩔 수 없이 감당해야 하는 의무이기도 했다. 포로가 되어 잡혀가서 그 나라 사람들이 쉽게 부를 수 있는 이름으로 바꾸어 부르는 것이니 거부할 수 있는 권한이 그들에게 없었다. 오늘 세상에서 일하는 우리 삶의 정황과도 크게 다르지 않다.

다니엘과 세 친구가 겪었던 두 번째 정체성의 위기는 바벨론식 교육을 받는 것이었다. 어떤 교육을 받았을까? 그들에게 갈대아 사람들의 언어와 학문을 가르쳤다는 성경의 기록을 보니(단 1:4) 설형문자인 수메르어와 거기서 발전한 아카드어를 공부했을 듯하다. 이런 문자를 배워 바벨론 종교와 연관된 비문(秘文)을 해석하고 연구했다. 또한 당시 중요한 학문이던 점성술과 점술, 주술, 마술 등을 공부하면서 바벨론의 종교 제의에 익숙해지고, 그들의 정치철학도 학습했다. 그렇게 그 젊은이들은 바벨론 왕실이 요구하는 체계적인 교육을 받았다. 그들이 받았던 교육에 대한 단서를 다니엘서 몇 곳에서 발견할 수 있다.

나중에 다니엘이 공부를 마치고 궁궐에서 일하게 되었을 때 느부갓네살왕이 꿈을 꾼 후 신하들에게 자신의 꿈을 해석하라고 했다. 그때 왕의 신하들이 어떤 사람들이었는지 성경은 이렇게 말하고 있다. "왕이 그의 꿈을 자기에게 알려주도록 박수와 술객과 점쟁이와 갈대아 술사를 부르라 말하매 그들이 들어가서 왕의 앞에 선지라"(단 2:2). 느부갓네살왕의 신하들이 이런 사람들이었다. 나중에 다니엘이 총리대신이 되었을 때 그를 묘사하는 표현도 비슷하다. "박수와 술객과 갈대아 술사와 점쟁이의 어른"(단 5:11)이었다. 느부갓네살왕은 노골적으로 다니엘을 이렇게 부르고 있다. "박수장(chief of the magicians) 벨드사살아!"(단 4:9).

그러니 다니엘과 세 친구가 열심히 공부한 바벨론 학문은 하나님을 믿고 율법에 따라 살아가야 하는 유대인이 배우기는 절대 쉽지 않았다. 그러나 그 젊은이들은 그 모든 학문적 과업을 다 감당했다. 그런 힘든 수업을 잘 받아서 나중에 '행정고시'를 치르고 나니 수석부터 4등까지가 바로 이 사람들이었다. 느부갓네살왕이 최종면접을 보았더니 그 지혜와 총명이 온 나라의 기존 박수들과 술객들, 즉 현직에 있는 신하들보다 열 배나 나은 것을 알았다고 한다(단 1:18-20).

이렇게 이교적인 바벨론의 학문을 열심히 공부해야 하는 일이 심각한 정체성의 위기였음은 당연하다. 그런데 가만히 생각해보면 이것 역시 나라가 망하고 적국에 포로가 되어야 했던 상황에서 다니엘과 세 친구가 마음대로 선택할 수 있는 일은 아니었다. 이들의 상황이 오늘 우리 크리스천들의 모습과 비슷하다. 세상 속에서 살아가는 우리 크리스천들은 하나님과 거리가 먼 가치와 철학을 가진 세상 속에서 공부하고 일하면서 살아간다. 우리가 공부하고 일할 때 세상 사람들과 다른 내용이나 방법을 가지고 하기도 힘들다. 똑같은 일을 함께하며 살아가고 있다.

권리를 포기하는 전략적 대안으로
지혜를 발휘하라

그런데 세상 속에서 도피하지 않고 정체성을 유지하기로 결심한 다니엘과 세 친구가 자신들에게 요구된 모든 일을 다 수긍한 것은 아니다. 그들은 한 가지 사안에 대해서 문제를 제기했다. "다니엘은 뜻을 정하여 왕의 음식과 그가 마시는 포도주로 자기를 더럽히지 아니하리라 하고 자기를 더럽히지 아니하도록 환관장에게 구하니"(단 1:8). 다니엘은 왕이 하사하는 특별한 음식과 포도주가 자신을 더럽히는 일이라 생각하고 거절했다.

왜 다니엘은 이름이 바뀌고 이방의 학문을 배우는 일은 수긍했으면서 왕이 하사하는 음식에 대해서는 문제를 제기한 것인가? 당시 바벨론 사람들은 고기 종류의 궁중 음식을 그들의 신에게 제사 지낸 후에 먹는 의식이 있었다. 곡식이 땅의 신이 내린 축복이듯이 그 곡식이나 풀을 먹고 자란 짐승의 고기를 먹는다면 그들이 섬기는 신들의 은총 때문이라고 생각했다. 다니엘과 세 친구는 이렇게 제사 지낸 고기가 문제라고 생각했을 것이다.

두 번째 이유는 바벨론 사람들이 유대인의 율법이 규정하는 음식법에 어긋나는 돼지고기나 말고기 등을 먹었기 때문이다. 왕이 하사하는 음식에 유대인에게 금기인 고기들이 포함되었을 가능성이 크다. 아마도 그런 이유로 이들이 결심했을 것이다. 다니엘은 자신들을 책임 맡은 궁중의 실력자 환관장에게 왕이 하사하는 음식을 먹지 않겠다고 말했다. 그렇게 해서 하나님을 믿는 자신들의 정체성을 드러내기로 마음을 굳혔다. 그들은 첫 단추를 잘 끼운 셈이다. 처음부터 자신들의 정체를 분명히 드러내기 위해 노력했기 때문이다.

'신입사원'인 다니엘이 그렇게 당돌한 거부를 선언했을 때 환관장은 이렇게 말했다. "내가 내 주 왕을 두려워하노라. 그가 너희 먹을 것과 너희 마실 것을 지정하셨거늘 너희의 얼굴이 초췌하여 같은 또래의 소년들만 못한 것을 그가 보게 할 것이 무엇이냐. 그렇게 되면 너희 때문에 내 머리가 왕 앞에서 위태롭게 되리라"(단 1:10). 전형적인 관료의 사고방식을 잘 보여주는데, 한마디로 말해 다니엘과 동료들에게 튀지 말라고 경고했다. 다른 유다 소년들과 같이 보조를 맞추면 되지 왜 그렇게 별나게 행동하느냐는 질책도 담겨 있었다.

그런데 그들은 의미 있는 판단과 결단을 통해 멋지고 전략적인 꾀를 보여주었다. 여기서 우리는 다니엘과 세 친구가 자신들의 정체성을 유지하기 위해 선택한 원칙을 발견할 수 있다. 그들은 자신들에게 주어진 '의무'는 절대 소홀히 하지 않으면서 누려도 좋은 '권리'를 포기하여 하나님을 믿는 사람의 정체성을 보여주었다.

왕이 하사하는 특별한 음식은 '의무'라기보다는 '권리'라고 할 수 있다. 그 상황에서 그들은 부정적인 결과에 대한 조치를 미리 다 하고 손해 보는 사람이 전혀 없도록 한 후에 결국 허락받아 채식 위주인 기본 식사만을 하게 되었다. 바벨론제국을 위해 봉사해야 하는 사람들에게 주어진 의무는 다하면서도 특별하게 주어진 권리는 과감히 포기했다.

이렇게 다니엘은 이름이 바뀌고 바벨론 학문을 배우는 의무를 다하면서 자신에게 주어진 권리를 포기하여 하나님을 믿는 사람의 정체를 드러냈다. 우리 크리스천들이 세상과 일터에서 이렇게 의무를 다하며 권리를 포기하는 삶을 살 때 일터의 동료나 이웃들은 우리가 크리스천이라는 사실을 알아차릴 수 있다.

이 사실은 매우 중요한 문제이다. 이것을 거꾸로 적용하면 안 된다. 만약 우리가 의무는 소홀히 하면서 권리만을 찾으려고 한다면 사람들은 우리에게서 결코 크리스천다운 정체성을 발견하지 못한다. 오늘 세상에서 우리 크리스천들이 손가락질받는 이유 중 하나도 이 문제와 연관이 있을 수 있다.

고려대학교에서 경영학을 가르쳤던 고 김인수 교수님이 크고 작은 몇몇 기업을 대상으로 설문조사를 했다. 직장인들의 근무태도에 영향을 주는 요인이 몇 가지 있었다고 한다. 연령, 성별, 학력, 출신 지역 등이었다. 그런데 기독교 신앙은 근무태도에 전혀 영향을 안 미친다는 설문 결과가 나왔다. 믿는 사람들이나 믿지 않는 사람들이 일하는 태도에 아무런 차이가 없었다는 뜻이다. 크리스천들이 직장에서 하는 일을 주께 하듯 하려는 의지가 없고, 그런 모습이 행동으로 나타나지도 않았다는 것인가?

오히려 안 믿는 사람들에게 기독교인들의 특성이 뭐냐고 질문했더니 많은 사람이 한마디로 대답한 것이 바로 '얌체'였다(최주희 지음, 「관계—성숙한 그리스도인에 이르는 8가지—」, 죠이선교회출판부 펴냄, 204쪽). 조사에 응한 사람들의 대답이 좀 심한 면도 있겠으나 그들의 시선이 객관적일 수도 있다. 의무를 다하고 권리를 포기하는 것이 아니라 권리는 다 찾아 먹으면서 의무를 소홀히 하는 크리스천 동료의 모습을 보았기에 그렇게 얌체라고 비꼬는 것이 아닌가? 만약 우리 크리스천들이 그렇게 얌체라는 말을 듣고 그런 이미지로 각인된다면 절대 일터사역자로 인정받을 수 없다. 우리가 조심해서 우리를 돌아봐야 할 부분이다.

다니엘과 세 친구는 모든 문제에서 사사건건 주변 사람들과 부딪히는 걸림돌이 아니었다. 다니엘과 하나냐, 그리고 미사엘과 아사랴는 바벨론의 궁궐에서 살며 그들이 해야 할 모든 일을 다 혐오하고 거부한 반항아들이 아니었다. 그들은 자신들의 이름이 바뀌는 것은 용납했고, 또 바벨론식 교육에 대해서 거부하지 않았다. 대안학습을 하듯이 다른 어떤 사람들보다 더 열심히 공부해서 뛰어난 성과를 거두었다. 그런데 그들은 음식문제에 대해서는 자신들의 손해와 친구들의 비난, 그리고 윗사람의 파면 위기를 감수하면서도 부딪혔다. 목숨을 걸었다. 그것이야말로 자신들이 다른 많은 나라에서 온 청년들과 구분되는 유일한 구분점이자, 자신들의 정체성을 드러낼 수 있는 요소라고 생각했기 때문이다.

이렇게 신앙적 결단으로 분명한 자세를 보여주었을 때 그들은 바벨론 궁중에서 다른 사람들과 동화되지 않았다. 결국 그들은 하나님이 주신 놀라운 지혜를 얻어서 바벨론에 정치적인 영향력을 미치게 되었다. 특히 다니엘은 고레스왕 원년까지 살아남아서(단 1:21) 그해에 반포된 유대인의 포로 귀환에도 관여했을 것으로 보인다.

배려하고 윈윈하는
창의적 대안으로 승부하라

우리가 일터와 세상에서 크리스천다운 지혜로운 꾀를 발휘하기 위해서는 창의적이어야 한다. 다니엘과 세 친구는 창의성을 발휘했다. 그들은 상사인 환관장의 지시에 순응하여 하나님 나라 백성의 정체성을 잃어버리지도 않았고 상사의 지시를 거부하여 걸림돌이 되지도 않았다. 그들은 창의적인 대안을 생각하여 제시했다. 왕의 특별한 지시에 담긴 의미를 살리면서 자신들의 정체성을 드러낼 지혜를 구체적으로 제안했다.

다니엘과 세 친구는 자신들을 맡아 관리하도록 명령받은 '감독하는 자'(요즘 우리 식으로 말하면 팀장)에게 제안했다. 위계질서를 무시하지 않으면서 한 치의 오차도 없도록 준비한 대안을 제시했다. 열흘 동안 시험하여 채식만 한 자신들과 왕의 진미를 먹은 동료들을 비교하여 '당신이 보는 대로' 판결하라고 했다. 뒷말이 생기지 않도록 확실한 결과로 판가름하자며 객관적인 제안을 하면서 결과에 관한 판단을 감독자 자신이 내리라고 선택권을 주었다(단 1:11-13).

물론 열흘간의 테스트 이후 다니엘과 세 친구는 다른 동료들보다 더 윤택하고 좋은 얼굴빛을 보였고, 결국 그들은 채식만 하도록 허락받았다. 바벨론 궁궐에서 살면서 달라진 이름으로 불리고 바벨론의 학문을 익히기 위해 애쓰지만 뭔가 다른 그들만의 정체를 보이기 위해 애쓰는 모습을 윗사람이나 동료들이 보게 되었다. 이것이 바로 창의적으로 정체성을 드러낸 전략적 꾀이다.

가만히 생각해보면 이들의 결심은 보통 일이 아니었다. 여러 가지 결과를 가져올 수 있었다. 첫째, 바벨론 궁중에서 잔뼈가 굵어 성공한 한 실력자의 몰락을 초래할 수 있었다. 이런 가능성은 다니엘과 세 친구에게 상당한 부담으로 작용했다. 사실상 누가 보더라도 별것 아닌 음식문제를 가지고 수십 년의 생애를 통해 얻은 한 고위관리의 정치생명을 위협한다는 것은 당돌해보였다.

둘째, 유다에서 볼모가 되어 온 다른 유다 청년들의 비난도 감수해야 했다. 그들이 다니엘과 세 친구의 결심을 듣고 뭐라고 했겠는지 생각해보라. "아니, 지들만 유대인인가? 우리는 유대인 아니야? 여긴 유다 나라 예루살렘이 아니라 바벨론이라고. 그런데 재네 왜 저렇게 튀지? 재네 국내에서도 튀더니 나와도 튀네. 역시 옛 속담 하나도 안 틀려. 안에서 새는 바가지 밖에서도 샌다더니. 성전도 파괴되었고 이제 나라도 없는 판국에 외국 땅에 잡혀 와서도 꼭 그렇게 티를 내야만 신앙을 지키는 건가? 기가 막힌다니까!" 아마도 다니엘과 세 친구는 이날 밤 기숙사에서 다른 유다 청년들로부터 집중적인 비난을 받고 '재 바벨론 유다 포로동지회'에서 제명되었을지도 모른다.

셋째, 이 청년들이 겪는 직접적인 문제도 있었다. 그들은 자신들의 정체성을 드러내려는 결심을 실천하면서 결국 손해를 많이 보았다. 20대 전후의 청년들이라면 얼마나 식성이 좋은 나이인가? 더구나 객지생활을 하면서 집단식사를 하면 더욱 배가 고프다. 집에서는 먹고 싶은 것이 별로 없는데 집을 나가면 배고프다. 객지생활을 해보면 잘 알 수 있다. 그런데 좋은 음식을 먹을 기회가 있는데도 그 특별한 음식을 포기했다니, 대단한 결심이 아닐 수 없다.

이런 용기 있는 결단을 통해 그들은 하나님의 축복을 받았다. 사실 그런 꾀를 발휘하여 고기와 술을 더 이상 먹지 않는다고 하면 외관상으로 손해 보는 것이 많았다. 하지만 한 가지 남는 것이 있었다. 환관장이나 왕궁 다른 고관들의 인정이었다. "이야~ 이 녀석들은 하나님을 그저 대충 믿는 놈들은 아니구나! 뭔가 있는 녀석들이군!" 바로 이것이었다. 그리고 사람들의 평가에 앞서 하나님이 평가하시는 신앙기준의 '합격 도장'도 얼마나 감격스러운가? "그래, 내가 너희를 나의 충성스러운 사람들로 인정한다. 쉽지 않은 일터 환경에서도 나의 뜻을 실천하는 사람들이 바로 너희들이다." 이렇게 인정받기 위해서 이 네 청년은 모든 것을 포기했다. 이 멋진 대안의 용기를 우리는 생각해보아야 한다.

우리가 인생을 살아가다 보면 어려움을 겪는 때가 있다. 우리가 계획하고 바라는 대로 모든 일이 이루어지지 않는 경우가 많다. 그런 때 우리는 지혜를 발휘해야 한다. 창의적으로 생각해야 한다. 문제에 대한 해답은 제시된 그 한 가지만은 아니다. 그 문제를 가지고 고민하고 지혜를 발휘하다 보면 대안을 찾을 수 있다. 우리는 이 사실을 기억해야 한다. 이런 지혜를 어디서 얻을 수 있는가?

다니엘과 세 친구는 바벨론제국의 오랜 실력자가 수긍할 만한 그런 대안을 어떻게 제시할 수 있었을까? 그들은 틀림없이 이 문제를 가지고 기도했다. 기도하면서 뜻을 정할 수 있었다(단 1:8). 우리도 세상을 상대하여 대안을 세우는 지혜를 얻기 위해 기도해야 한다. "너희 중에 누구든지 지혜가 부족하거든 모든 사람에게 후히 주시고 꾸짖지 아니하시는 하나님께 구하라. 그리하면 주시리라"(약 1:5). 이 약속대로 우리도 기도하며 지혜를 구할 수 있다. 그렇게 기도하면서 우리도 다니엘과 세 친구처럼 '열흘', 딱 열흘만 기다리면 된다. 그러면 하나님이 우리에게도 지혜로운 결단이 가져다주는 놀라운 축복을 허락해주시리라 기대할 수 있다.

문화와 윤리적 갈등 속에서
대안의 지혜를 발휘하며

다니엘과 그 친구들을 통해 세상에서 크리스천다운 꾀바른 대안을 세워 대응하는 방법을 발견할 수 있었다. 다니엘과 세 친구가 의무에는 충실하면서 권리를 포기하며 대안을 제시하여 하나님을 믿는 사람의 정체성을 드러낸 것처럼 오늘 우리도 문화와 윤리적 갈등 속에서 대안을 세워 대응할 수 있어야 한다.

다니엘과 세 친구가 겪었던 대로 오늘 우리에게 있어서 왕이 하사한 음식을 거부한 일과 같은 문제는 어떤 것이 있을까? 특히 우리의 일터문화 중에서 크리스천으로서 갈등을 겪는 요인이 몇 가지 있다. 회식문화, 출장과 오락문화, 주일성수, 무속문화, 접대와 뇌물, 리베이트, 거짓말 등의 다양한 문제가 있을 수 있다. 이런 갈등 속에서 크리스천다운 남다른 정체성을 드러내는 대안을 찾아보자. 우리는 크리스천다운 꾀바른 지혜를 발휘하여 멋진 일터문화를 만들 수 있다.

회식자리에서 적극적인 대안을
제시하는 회식사역을

코로나 상황을 겪으면서 조금 달라지기는 했지만 아직도 우리나라 크리스천들에게 있어서 회식자리는 결코 자연스럽지 못한 껄끄러운 장소이다. 그렇다면 어떻게 회식자리에서 대안을 세울 수 있을까? 대안을 세우려면 우선 본질을 잘 파악해야 한다. 왜 회식을 하는지 알아야 한다. 즐겁게 식사하며 서로를 알아가고 격려하고 치하하고 축하하고 송별하고 환영하는 자리이다. 이런 회식의 본질에 충실하기 위해서는 회식에 참석해야 한다. 계속 그렇게 할 수도 없지만 회식자리를 자꾸 빠지려고만 하면 안 된다. 그러면 회식에 참석해서 본질에 충실하기 위해 술을 마시면서 즐겁게 잘 지냈다면 무엇이 문제인가? 격려되지는 않았지만 동화된 것이 문제이다. 동화되지 말고 구별되고 적응해야 한다.

다니엘이 뜻을 정하고 왕이 하사하는 음식과 포도주를 거절했던 것처럼(단 1:8) 자신의 상황에 맞는 크리스천다운 구별의 비법을 가지고 있어야 한다. 함께 술을 주거니 받거니 권하면서 기분 못 맞춰주는 미안함을 사람들에게 표현해도 좋다. 소극적 회피만이 아니라 함께 하지만 술자리에서 술을 마시지 않고도 함께 어울릴 수 있음을 보여줄 수 있다. 음료수를 받아 마시면서도 얼마든지 술자리에 함께 할 수 있다는 점을 바로 우리 크리스천들이 보여줄 수 있어야 한다. 이것이 바로 '회식사역'이다.

결코 쉽지 않지만 술자리에서 크리스천다운 자세를 보이면서 구별되겠다고 결심하면 길이 열린다. 내 권리를 다 찾겠다는 자세가 아니라 희생하겠다는 마음으로 '착한 행실'(마 5:16)을 보여주려고 노력해야 한다. 그 착한 행실이란 어떤 것일까? 술자리에서 사람들을 즐겁게 해주는 분위기 메이커의 역할, 동료들의 상담자 역할을 해주는 것, 고기를 열심히 굽고 사람들의 편의를 봐주기 위해 술자리 총무 역할을 자처하는 것, 그리고 승용차를 타고 가서 귀가할 때 동료들을 태워주는 일 같은 것은 어떤가?

물론 결코 쉽지 않다. 그렇기에 '회식사역'이라고 말하지 않는가? 회식에 참여하여 자신의 상황에 맞는 대안을 찾아서 함께 일하는 동료들과 유대감을 느끼며 서로를 알아가고 친해지기 위해 노력하는 일은 매우 중요한 사역이 아닐 수 없다.

서울 고척동에 있는 한 교회 청년부에서 회식문제에 대해 강의한 후에 신도림 전철역까지 픽업해주는 청년부의 한 간사님에게 들은 이야기다. 그는 연구소에 다니는데, 한 달에 한두 번은 꼭 회식자리에 동료들을 자기 차에 태우고 가서 함께 이야기를 나누며 놀아준다고 했다. 회식을 마친 후에는 자기만 술을 마시지 않았으니 자기 차에 동료들을 다 태워서 집에 데려다주고 돌아오면 보통 새벽 두 시, 늦으면 네 시가 되는 때도 있다고 했다. 그렇지만 그것을 마다하지 않고 동료들을 위해 그렇게 희생하는 그 형제의 '착한 행실'은 동료들에게 매우 인상적이었던 모양이다. 연말이면 동료들이 1년 동안 함께 술자리에서 놀아주고 대리운전 기사 역할을 해주어 고맙다고 꽤 많은 금액의 백화점 상품권을 선물한다고 했다. 그것을 받아서 부모님과 목사님께 선물하는 기쁨이 쏠쏠하다고 했다.

그의 이야기를 들으면서 그의 회사 동료들의 마음속을 한 번 읽어보았다. '이 친구, 정말 괜찮은 크리스천이야. 교회에서도 청년부 간사인가 뭔가 하느라 퇴근할 때마다 뛰어가던데 우리를 챙겨주니 정말 고마워. 크리스천들이 이 친구 같기만 하다면 얼마나 좋을까!' 이런 생각을 하지 않을까?

또한 술자리와 더불어 우리가 꼭 짚고 넘어가야 할 일이 있다. 바로 밀실의 문제이다. 룸살롱이나 단란주점과 같은 곳에서는 성적 타락과 비윤리적인 일들이 자주 벌어진다. 그런 곳에 가서도 크리스천다울 수 있을까? 일본 출장을 자주 가던 직장인의 이야기를 들었다. 회사의 직원들과 함께 출장을 가서 일본 회사 직원들이 대접하는 저녁식사가 끝나갈 무렵이었다. 안쪽과 연결된 방문이 열리면서 대여섯 명의 여성이 옷을 하나도 입지 않고 들어왔다.

만약에 이런 상황을 겪는다면 어떻게 대응하겠는가? 이분은 순간적으로 비명을 질렀다고 한다. 엄청나게 큰 소리를 질러서 함께 식사하던 사람들도 놀라고 들어오던 여성들도 혼비백산 달아나서 보이지 않았다. 이분은 소지품도 챙기지 않고 그대로 식당을 나와 숙소로 돌아갔다. 이런 사람들을 가리켜 직장인들이 자주 사용하는 전문용어가 있다. "또라이!"

회사의 동료가 이렇게 불평했다. 그렇게 회식자리 분위기를 망친 후에는 일본 회사 사람들이 다시는 그런 '깜짝쇼'를 하지 않으니 책임지라고 말이다. 이분은 그런 일을 처음 겪었는데, 한국 회사의 직원들이 출장을 가면 그렇게 일본 회사 직원들이 그날의 '서프라이즈'를 준비해서 한국 직원들을 즐겁게 해주곤 했다는 것이다. 그 재미가 없어졌다고 책임지라는 불평이었다. '크리스천 또라이'가 이렇게 일터문화를 바꾼다. 한국 회사에서는 이분의 유별난 행동을 신입사원들도 알 정도로 소문이 다 났다고 한다. 이렇게 일터문화를 바꾸는 용기 있는 결단이 오늘 우리에게도 필요하다. 절체절명의 순간에 비명을 질러서라도 성적 유혹을 이겨낼 수 있어야 한다.

그분의 이야기를 들으면서 목회자로서 걱정이 되었다. 성도들이 세상에서 살아가며 그렇게 험하고 지저분한 일도 경험해야 한다는 점이 안타까웠다. 그래서 내가 지은 직장인을 위한 기도가 담긴 책 「직장인 축복 기도문」(브니엘 펴냄)에 "출장을 갈 때도 하나님의 사람답게 하소서"라는 제목의 기도문을 넣었다. 우리 동료들이 출장을 가고, 특히 해외나 먼 곳으로 떠나기라도 하면 더욱 일탈을 많이 하지 않던가? 그런 풍조에 휩쓸리지 않아야 하겠고, 영육 간에 순결함을 지켜야겠다. 이런 기도를 하며 우리 일터의 출장과 오락문화에 대한 대안을 마련할 수 있으면 좋겠다. 그 기도문의 일부분을 옮겨본다.

출장을 갈 때도 하나님의 사람답게 하소서!

일상을 벗어나 출장을 가면 리듬이 깨지는 때가 있습니다.
출장 기간에도 마음 풀어지지 않고

그곳에도 어김없이 계신 주님을 느끼게 하옵소서.

특히 장거리나 해외출장을 갈 때면

일탈의 기회를 즐기는 동료들도 있습니다.

함께 행동하다 보니 엉뚱한 곳으로 몰려가기도 합니다.

하나님께, 가족에게 죄가 되는

부끄러운 행동을 하지 않도록 주님이 붙들어주소서.

간교한 여인에게 빠져 화살이 간을 뚫고

도수장으로 끌려가는 소와 같은 신세가 되지 않도록

주님이 저를 지켜주소서.

성적 유혹 앞에서는 요셉처럼 도망가게 하소서.

오락이나 방탕의 유혹 앞에서도 대응할 용기를 주소서.

죄짓지 않겠다고 분명하게 거절할 수 있게 도와주소서.

일터문화의 갈등 속에서
대안을 제시하기 위하여

고사를 지내는 일터의 무속문화에 대해서는 어떤 대안을 제시할 수 있겠는가? 크리스천 깡으로 고사를 거부하여 정체성을 드러낸 사람들의 간증을 들을 수 있다. 그것도 좋은 대응이겠으나 언제나 그런 방법만이 아니라 또 다른 대안도 생각할 수 있다. 사람들이 고사를 지내는 목적을 생각해보는 것이 대안모색의 시작이다. '고사'라는 의식 자체는 우리 크리스천들이 수긍할 수 없다. 하지만 회사가 잘되고 그 프로젝트가 잘 진행되고 그 기계가 고장 없이 잘 가동되기를 바라는 마음은 우리 역시 같다. 그렇다면 고사의 본질에 충실하면서 크리스천답게 대안을 제시할 수 있는 방법을 찾아볼 수 있다.

회사에서 고사를 지낸다는 공지가 있으면 주관하는 부서(총무팀이나 비서실 등)에 직장선교회(신우회)의 명의로 이런 내용의 공문을 보내보면 어떨까? "우리는 매주 모여서 회사의 발전과 회사 사람들을 위해서 기도하는 기독신우회인데, 우리의 기도제목이 아래와 같습니다. 또한 이번에 지내는 ○○ 목적을 위한 고사에서도 우리 크리스천들은 신우회의 이름으로 우리가 섬기는 하나님께 기도하기를 원하는데, 고사 자리 옆에 우리가 예배드리고 기도할 수 있는 자리를 마련해주시면 감사하겠습니다."

대통령이나 국가의 유명 인사들이 세상을 떠났을 때 각 종교의 성직자들이 차례로 종교의식을 집전하는 국장을 참고하라고 첨부자료를 제시해도 좋다. 이런 내용으로 보낸 공문을 받아본 윗사람들이 어떻게 반응할까? 아마도 웃긴다고 코웃음을 칠 것이다. 그런데 이런 대안의 시도 자체가 중요하다.

나는 경남 거제도에 있는 한 조선소와 대전에 있는 한 연구소에서 강의하며 질문을 받고 대화를 나누며 동일하게 고사에 대한 신우회의 대응을 제안했다. 그 조선소에서는 주기적으로 사고예방과 안전기원 고사를 지내고 무속인들까지 동원해 아예 굿판을 벌이는 상황이었고, 그 연구소에서는 동물실험을 많이 해서 1년에 1만 2천 마리나 동물들을 희생시키기에 정기적으로 회사에서 동물들의 영혼을 달래는 수혼제(獸魂祭)를 지낸다고 했다.

이런 일이 있을 때 공문을 회사 쪽에 계속 보내면 거절당하더라도 신우회의 존재를 드러내고 나름의 정체성을 드러내는 분명한 기회가 될 수 있다고 조언했다. 한 번 해서 되지 않더라도 두 번 세 번 계속해서 시도할 필요가 있다. 회사라는 조직의 특성상 윗사람들의 인적구성이 바뀌든지 상황이 변하다 보면 이런 시도가 의외의 결실을 볼 수도 있다. 일터는 최고 결정권자의 결정에 따라 하루아침에 안 되던 일도 되고, 되던 일도 안 되는 일이 비일비재하지 않은가? 상황이 바뀌어 고사를 대체하여 예배를 드리는 날을 기대해보라고 진지하게 제안했다.

우리가 자주 접하는 뉴스 기사 중에 직업인들의 비리 사건들이 종종 나온다. 술 접대, 성 상납, 뇌물, 리베이트 등과 같은 내용의 뉴스들이 끊이지 않는다. 바로 오늘 우리 사회의 비리문화이다. 이런 일탈과 파행의 문화 속에서 과연 우리 크리스천들은 어떤 대응을 해야 하겠는가?

일단 탐욕을 버려야 세상의 범죄에 부화뇌동하지 않을 수 있다. 비리는 탐욕 때문에 생기는 것이 분명하다. 인간의 죄악된 본성에 기인한 욕심이 잉태하여 죄를 낳고 죄가 장성하여 사망이라는 결과를 낳는다(약 1:15). 자신의 탐욕을 버리기 위해 노력하면서 대안을 모색하는 지혜를 발휘해야 한다. 기도하면서 생각하고 다른 사람들의 경험을 들어야 한다. 뇌물을 쓰지 않고 리베이트 없이 영업할 수 있는 방법을 찾기 위해 부단히 애쓰다 보면 대안을 세울 수 있다. 고민 없이, 크리스천의 피맺힌 고뇌 없이 그저 사람들이 행동하는 그대로 하면서 고난받는다고 넋두리하는 것은 패배의식에 빠진 바람직하지 못한 모습이다.

대안을 모색하여 힘들고 작은 노력이지만 시도해보는 일이 중요하다. 속 시원하게 문제를 해결하는 것이 아니라서 답답하더라도 우리 주님이 기뻐하신다. 하나님이 힘을 주시고 미처 생각하지 못한 지혜와 대안도 허락해주신다. 함께 그런 문제를 고민하는 노력에 대해 주변 사람들이 반응하고 힘을 보태고 응원하면서 우리 일터의 오래된 관행을 타파하고 새로운 변화를 가능하게 하는 일이 일어날 수 있다. 기도하며 노력해야 한다.

거짓말을 해야 할 상황에서도
진실이 대안이다

회사의 감사부서에서 일하거나 지점과 매장관리를 담당하는 직원들이 출장보고서를 작성하면서 고민을 토로하는 경우가 종종 있었다. 감사 결과를 보고하거나 보고서를 작성할 때 겪는 어려움 때문이다. 사실대로 보고하면 많은 사람이 다치고 개인적으로 부탁하는 사람도 있어 너무 고민스럽다면서 괴로워하는 직원들의 모습이 안타깝다. 그런데 나는 그런 고민을 들으면 언제나 일관되게 말해준다. 사실대로, 본대로 보고하라고 말이다. 감추고 숨긴 것은 나중에 다 밝혀진다고, 진실을 빼고 거짓을 보태면 더 어려운 지경에 빠진다고 권면한다.

거짓된 세상에서 정직을 실천하는 일은 절대 쉽지 않다. 정직해야 한다는 원칙은 우리가 다 알고 있으나 실천이 어렵다. 직장 경험을 가진 목회자요 작가와 강사이자 상담가인 키이스 밀러가 1965년에 처음 펴낸 「새 포도주의 맛」(The Taste of New Wine)은 출간된 이후 250만 부 이상 팔리고 수십 개 언어로 번역되었다. 제도의 틀을 넘어서는 그리스도인의 새로운 삶의 양식을 다루는 이 책의 한국어판에는 '낡은 부대를 터뜨리는' 이라는 부제가 붙어 있다. 이 책의 여러 부분에서 일터문제를 다루고 있다.

키이스 밀러는 자신의 영적 상태를 하나님께 고백하면서 하나님과 친밀해짐을 느꼈다. 자신이 하나님과 과연 바른 관계인지 살펴보기 시작했다. 더 이상 고질적인 탐욕을 그럴듯하게 얼버무리거나 적당히 둘러댈 필요가 없음을 깨달았는데, 그러자 그의 기도가 달라졌다고 고백한다.

전에는 "주님, 오늘 저는 접대비를 조금 과다하게 지출했습니다. 하지만 주님도 아시다시피 다들 그러지 않습니까?"라고 기도했다. 그런데 이제는 "주님, 저는 오늘 접대비를 부당하게 지출했습니다. 치사한 도둑이 되지 않게 도와주십시오"라고 기도하게 되었다고 한다. 전에는 "주님, 지난번 거래 내용을 설명하면서 사실을 부풀렸습니다"라고 기도했는데 이제 이렇게 하나님께 실토했다는 것이다. "주님, 제가 또 거짓말을 해서 제 자신을 돌보이려고 했군요. 저는 본래 그런 인간입니다. 용서해주시고, 이제부터라도 달라질 수 있는 능력과 간절한 마음을 주십시오"(키이스 밀러 지음, 「새 포도주의 맛 : 낡은 부대를 터뜨리는」, 살림출판사 펴냄, 97-101쪽).

중국 쑤저우에 있는 우리나라의 한 전자회사 공장에서 자재구매 담당 책임자로 일하는 한 크리스천의 이야기를 들었다. 그 공장에서 노트북컴퓨터를 생산하는데 젊은이들의 취향을 반영하지 못한 검정과 은색 중심이어서 고민이 많았다. 결국 다양한 색상을 반영하기로 했다. 구매담당인 A부장이 수소문해 보니 대만 타이중에 있는 노트북 케이스 제작공장의 제품이 가장 품질이 좋았다. 그래서 구매를 의뢰했다. 그런데 대만의 그 회사는 사장의 지시로 그 전자회사에 대해서는 자재를 판매하지 않는다고 했다. 과거에 거래하면서 좋지 않은 일이 있었기 때문이었다. 하지만 다른 대안도 없어서 기도하면서 하나님의 도움을 구했다. 대만 회사 직원들에게 직접 사장님을 만날 수 있게 해달라고 부탁했다. 그리고 직접 가서 드디어 사장을 대면하게 되었다.

그런데 그 사장님이 A부장을 만나자마자 어느 회사에서 왔느냐고 물었다. 그 회사의 직원들이 물건을 구매하려는 상대 회사를 밝히지 않고 만남을 주선했던 모양이다. 하지만 A부장은 거짓말할 수는 없어서 S전자에서 왔다고 회사 이름을 이야기했다. 그러자 사장이 벌떡 일어나더니 그 회사 직원들에게 화를 내며 절대로 물건을 주지 말라면서 나가버렸다. 그동안의 기도와 노력이 수포로 돌아갔으니 낙담이 되었다.

A부장은 애써준 대만 회사의 직원들에게도 미안했다. 기껏 어려운 만남을 주선해주었는데 일을 망쳐놓은 것이었다. 황당한 분위기여서 그랬는지 대만 회사의 직원 한 사람이 담뱃갑을 건네면서 담배를 피우라고 했다. A부장은 담뱃갑을 돌려주면서 이렇게 말했다.

"우리 회사를 위해서 많이 애써 주셨는데 정말 고맙고 죄송합니다. 저는 '리얼 크리스천'(Real Christian)입니다. 리얼 크리스천은 세 가지를 하지 않습니다. 술과 담배를 하지 않고, 성적 방종에 빠지지 않고, 거짓말을 하지 않습니다. 그래서 제가 거짓말을 할 수 없어서 사장님께 우리 회사의 이름을 말했던 것입니다. 그동안 애써 주셨는데 정말 감사하고 또 죄송합니다."

그렇게 아쉬운 마음으로 돌아서 나왔다. 그런데 회사의 건물을 벗어나기 전에 한 직원이 달려와서 A부장에게 말했다.

"잠깐만 기다리십시오. 우리 사장님이 당신과 같은 리얼 크리스천입니다. 말씀드렸더니 다시 만나겠다고 불러오라고 하십니다."

과거에 겪었던 아픔이 여전했지만 물품구매를 요청하는 담당자가 같은 신앙인으로 담대하게 고백하는 것을 보고 대만 회사의 사장은 앙금을 털어냈다. 그래서 결국 그 전자회사는 노트북 케이스를 대만 타이중에 있는 그 회사에서 구매할 수 있었고, 젊은이들 취향의 다양한 색상을 반영하게 되었다.

대만은 크리스천의 비율이 그리 높지 않은 나라이다. A부장의 기준에 맞는 '리얼 크리스천'도 훨씬 적을 것이다. 그런데 어쩌면 이렇게 절묘하게 만날 수 있었는가? 거짓말하지 않고 일하겠다 고백하고 실천하다 보니 하나님이 이렇게 인도해주셨다고 볼 수 있지 않은가? 우직해 보이지만 정직함을 포기하지 않으니 하나님이 이렇게도 은혜를 주심을 경험할 수 있다. 정직이 가장 효과적이고 지혜로운 대안이다!

미국의 비영리기관 컨설팅 회사인 드모스 그룹의 경영자 마크 드모스는 돈에 휘둘리지 않고 크리스천다운 용기와 책임의식을 보여주는 한 사람을 소개한다. 캐나다 〈토론토 스타〉(Toronto Star) 신문사의 기자가 미스터리 쇼퍼 방식으로, 점화선이 좀 느슨한 것 외에는 이상이 없는 자동차로 13곳의 정비공장을 찾아갔다. 대부분 정비사는 멀쩡한 차에 여러 가지 문제가 있다면서 수리하라고 했다. 그런데 60대 후반의 세실 브렌튼이라는 정비사는 느슨한 점화선을 조여주고는 수리비도 요구하지 않았다. 아무 문제가 없으니 가보라고 했다. 기자가 신분을 밝히고 왜 그렇게 했는지 이유를 묻자, 그는 이렇게 대답했다.

"저는 크리스천입니다."

이 이야기가 신문에 실리자 운전자들이 브렌튼의 공장으로 몰려들었다. 그는 그곳에서 12년을 더 일하다가 은퇴했다. 그 기사가 나오고 21년 후에 세실 브렌튼이 세상을 떠나자 〈토론토 스타〉는 그의 사망 소식을 부고란에 싣지 않고 별도의 기사로 다뤘다. 다음은 그 기사의 제목이다.

"세실 브렌튼, 향년 89세. 정직하기로 유명한 '크리스천 정비사'"
(마크 드모스 지음, 「CEO 솔로몬을 만나다」, 비전과 리더십 펴냄 169-171쪽).

사람들이 추구하는 욕심을 포기하고, 세상 유혹에 대처하는 크리스천다운 용기를 보일 때 사람들은 그것을 기억하고 기념해준다. 이렇게 진실이 훌륭한 대안이 될 수 있다. 세실 브렌튼처럼 세상 유혹에 맞서는 용기 있는 책임 의식이 사람들에게 알려지면 하나님의 영광이 세상 사람들에게 온전하게 드러난다. "이같이 너희 빛이 사람 앞에 비치게 하여 그들로 너희 착한 행실을 보고 하늘에 계신 너희 아버지께 영광을 돌리게 하라"(마 5:16).

순교적, 점진적, 현실적 결단으로
윤리적인 대안을 모색하라

이렇게 대안을 실천하기 위해서 우리는 획일적인 방법보다는 세 단계의 적용을 시도해볼 수 있다. 우리가 세상에서 겪는 상황, 특히 윤리적인 판단을 해야 하는 상황에서 늘 순교적인 결단을 해야 하는 것은 아니다. 점진적인 대안을 제시해야 할 상황도 있고, 고육지책으로 현실적인 대안으로 부딪쳐야만 할 상황도 발생하기 마련이다. 이런 복잡한 상황들을 고려하여 우리가 대안을 실천해내기 위해서는 하나님을 철저하게 신뢰하는 강한 믿음이 필요하다. 또한 단계별로 접근하여 정직을 실제 행동으로 옮기는 지혜가 필요하기도 하다. 세 가지 상황을 차례대로 생각해보자.

먼저 순교적인 결단이 있다. 다니엘의 세 친구가 신상 앞에 절하지 않고 목숨을 걸었던 일이 바로 대표적인 순교적 결단의 사례이다 (단 3장). 오늘날의 사드락, 메삭, 아벳느고는 누구인가? 물론 이 세 사람이 겪었던 것과 같은 일을 우리가 오늘 일터에서 겪는 경우는 그리 쉽지 않다. 그러나 이런 일이 전혀 없는 것도 아니다. 직장인들의 최후 결단인 '사표'를 쓰겠다는 결단을 하고 강력하게 대처해야 하는 상황도 종종 일어난다.

앞에서 살펴본 대로 고사 자리에서 결단해야 하는 일도 있고, 비리의 현장에서 동참하지 않고 문제를 제기하는 용기 있는 일을 하는 사람들도 있다. 이런 일을 할 때 하나님이 하늘에서 바라보시면서 어떤 미소를 지으실지 상상해보라. 그야말로 이런 결단을 실천하는 사람들은 '오늘날의 순교자'가 아닐 수 없다.

새로 부임한 부서장이 일요일에 단합대회를 하러 나오라고 지시하는 일은 순교적인 결단보다는 일터문화와 연관된 크리스천의 정체성에 관한 문제이다. 실랑이를 벌이다가 화가 난 상사가 그럼 사표를 쓰라고 해서 사표를 쓰고 퇴사하는 행동을 순교적인 결단이라고 말할 수는 없다. 적어도 우리가 순교적인 결단을 한다면 나의 고뇌에 찬 희생으로 인해 업계의 윤리적 수준이 향상되고, 사회적 붐이 조성되어 변혁이 일어나게 될 것을 기대하고 기도하며 치밀하게 '기획'하여 시행할 수 있어야 한다. 여기서 순교적인 결단의 사례를 한번 생각해보자.

20여 년 전의 일인데 한 개인병원에서 간호사로 일하는 분의 전화를 받았던 적이 있다. 당시 의료보험공단에서 보험급여를 더 많이 받기 위해 환자 진료 일수나 치료기록의 숫자를 조금씩 불리는 방법을 인계하고 퇴사한 동료 간호사로 인해 고민하다가 그 일을 자기가 하지는 못하겠다고 원장님에게 이야기했다고 한다. 그러자 원장은 크게 화를 냈다. 그래서 그 병원에서는 더 이상 일할 수 없어 퇴사를 생각하고 있었다. 나는 그것이 순교적 결단일 수는 있다고 판단했다. 하지만 순교적 결단도 의미 있지만 나는 그 자매에게 다른 가능성 하나를 알려주었다.

"원장님에게 이렇게 제안해 보십시오. 아무개 간호사가 퇴사하면서 알려준 보험급여 청구방법 중에 과다 청구하던 네 가지 건에 대해서, 이 두 가지는 감사가 나오면 당장 지적사항이 될 테니 그만두고 다른 두 건만 예전처럼 해보겠습니다. 우리가 이렇게 하는 것도 병원 경영이 어렵기 때문이라고 말씀하셨는데 열심히 일하겠습니다. 그래서 상황이 좋아져서 나중에는 나머지 두 건을 하지 않아도 우리 병원 경영이 잘되도록 노력하겠습니다. 저를 믿고 허락해 주십시오."

이것이 바로 점진적인 결단이라고 소개했다. 만약 그 병원을 나와서 다른 병원에 가더라도 지금 겪었던 그런 문제가 전혀 없다고 확신하기는 힘들 거라고 하면서 그 병원에서 점진적인 결단을 하기를 권했다. 어떤 결정을 하든지, 나중에 다시 한번 전화해달라고 부탁했지만 다시 전화가 오지는 않았다. 그런데 30분간 통화해본 내 느낌은 아마도 그 자매는 순교적인 결단을 한 것 같았다. 하지만 우리의 일터에는 하루아침에 순교적인 결단을 해서 뒤집어엎는 것으로도 해결 안 되는 일이 많다. 점진적으로 고쳐 나가야 할 일들이 더 많다.

사도 바울이 점진적 결단에 대해 이렇게 교훈한다. "내게 주신 은혜로 말미암아 너희 각 사람에게 말하노니 마땅히 생각할 그 이상의 생각을 품지 말고 오직 하나님께서 각 사람에게 나누어주신 믿음의 분량대로 지혜롭게 생각하라"(롬 12:3). 누구에게나 획일적으로 윤리적 결단을 강요하기 힘들다. 사실 죄악된 세상, 구조적 문제점이 많은 비즈니스 현장에서 윤리적인 잣대로 보아 100% 깨끗한 일, 전혀 꺼림칙하지 않은 일은 찾기 힘들다. 따라서 점진적인 결단으로 차근차근 우리의 세상을 변화시키기 위해 노력해야 한다.

점진적인 결단과 더불어 생각해볼 수 있는 또 한 가지 결단의 방법은 현실적 결단이다. 만약에 일하면서 상대방이 '뒷돈'을 요구하는 상황이라면 크리스천으로서 어떤 대안을 가지고 대응해야 하는가? 주로 개발도상국과 거래를 하거나 단체여행을 할 때 종종 경험할 수 있는 '급행료'가 있다. 다른 나라뿐인가, 우리나라도 예외가 아니다. 이제는 좀 나아졌는가? 그래도 우리 사회에서는 곳곳에 여러 가지 방법으로 이런 떳떳하지 못한 돈을 요구하는 사람들이 있다. 그래서 그런 상황을 겪을 때 우리는 당황할 수밖에 없다. 이런 때에는 어떻게 해야 하는가?

전에 한 유통회사에 예배를 인도하러 갔다가 예배 후 차를 마시면서 지점장과 대화하며 이야기를 들었다. 시청에 가서 매장 증축 허가를 받으려고 노력했지만 사소한 트집을 잡으면서 허가를 보류

하는 민원 담당 직원 때문에 고생했다고 한다. 수정하고 준비해오라는 서류를 가지고 두 번째 갔더니 또 문제가 있다고 했다. 지난번에 하지 않은 이야기를 새롭게 하는 것을 보고는 느낌이 왔다. '인사'를 해야 함을 모르지 않았으나 그렇게 할 수 없었다. 크리스천으로서 세상의 방법으로 일하고 싶지 않아서 하나님께 간절히 기도했다.

세 번째 찾아가도 서류에 하자가 있다고 하니 너무 화가 나고 답답했다. 점심이라도 한 번 사야 하나 고민하면서 꾹 참고 계속 이야기를 하는데 그 직원이 갑자기 자기의 군대 시절 이야기했다. 그런데 마침 지점장이 다녀온 군대와 같았다. 특별한 군대인 그곳에서 복무한 사실을 확인하고 기수를 따져 선후배 관계를 알아보았다. 그랬더니 그 지점장이 그 시청의 직원보다 한참 선배였다. 직원이 금방 태도가 바뀌어서 거의 형님 대접을 하더라는 것 아닌가! 그래서 그 허가 관련 문제를 해결할 수 있었다고 한다.

그 이야기를 들으며 나는 목사로서 그 형제가 너무나 고마웠다. 그렇게 크리스천답게 일하기 위해 고민한 것은 남들 하는 대로 세상의 방법을 따르지 않고 하나님의 뜻을 찾았기 때문이 아닌가? 물론 관청에서 허가를 낼 때 그렇게 '줄'을 찾아 일하는 방법은 옳지 못하다. 그러나 다른 사람들이 흔히 하듯이 그저 적당히 처리하지 않고 크리스천의 가치를 보여주려고 고민하며 기도하다 보니 하나님이 그런 방법으로 그 형제의 문제를 해결해주신 것 아닌가? 생각해보라. 민원인을 상대로 이야기하던 공무원이 자기가 군대에 갔다 온 이야기를 왜 하겠는가?

내가 그 지점장에게 군대에 대해 그 직원에게 먼저 물어봤느냐고 질문하자, 먼저 질문하지 않았다고 했다. 하나님이 그 형제의 고민과 기도를 들으시고 삶 속에서 말씀해주시고 방향을 일러주신 일이 틀림없다. 물론 이런 방법이 늘 최선이라고 할 수는 없다. 하지만 차선의 해결방법일 수는 있다. 최선을 다할 수 없다고 쉽게 포기하지 말아야 한다. 우리의 일터현장에는 최악을 피하고자 차악을 택하는 안타까운 선택을 해야 하는 순간도 종종 있다. 물론 그런 결정으로 인한 부작용에 대해서는 내가 책임지겠다는 자세가 필요하다. 그야말로 고육지책을 통해서도 우리는 하나님의 영광을 세상에 드러낼 수 있다는 점을 기억해야 한다.

우리 크리스천들은 어떤 상황에서나 이 점을 유념하며 대안(代案)을 찾아야 한다. 이것은 세상에서 일하며 사는 우리 크리스천들이 세상 사람들의 방법을 대신하면서 일하는 지혜이기도 하고, 또한 그들의 방법과는 전혀 다르게 맞상대하는 대안(對案)이어야 한다. 일종의 영적 전투의 상황이기도 하다는 말이다. 힘들고 어려운 일이지만 그저 쉽게 남들이 하는 대로 하지 않고 대안을 찾다 보면 하나님이 지혜와 피할 길을 주신다(고전 10:13 참조). 하나님은 나의 고민에 대해서도 분명히 해답을 주신다고 확신하고 노력해야 한다.

두려워하지 마소서. 내가 하나님을 대신하리이까. 당신들은 나를
해하려 하였으나 하나님은 그것을 선으로 바꾸사 오늘과 같이 많은 백성의
생명을 구원하게 하시려 하셨나니 당신들은 두려워하지 마소서.
내가 당신들과 당신들의 자녀를 기르리이다. 창 50:19-21

PART 4

관계를 풀어내고
공동체를 세우는
중재자

얽히고설킨 **관계의 매듭**을
사랑으로 풀어내고

,,

어느 토요일 아침에 모처럼 요리를 했던 적이 있다. 단단한 무를 얇게 썰다가 칼이 튀어 왼손 약지 끝부분이 잘려 너덜거리고 손톱도 조금 잘렸다. 솟는 피를 눌러 대충 수습하고 가까운 병원 응급실로 갔더니 레지던트로 보이는 한 의사가 병실 당직근무를 하다가 내려와 봉합수술을 해주었다.

손가락은 아프지만 입이 아픈 것은 아니라서 이런저런 이야기를 나누었다. 당시 대학에 막 입학한 아들 덕에 얻은 입시정보로 공부 잘하는 이과 입시생들은 거의 전부 전국 40여 개 의과대학에 간다고 이야기했더니 의사는 10년 전에도 그랬는데 아직도 그러느냐고 말했다. 그때 나는 뜬금없이 물었다. "성적이 그렇게 중요한가요? 생명을 다루는 의사에게 가장 중요한 가치는 뭐라고 생각하세요?" 그러자 그는 주저하지 않고 대답해주었는데, 나는 그날 다친 손가락을 치료받으면서 은혜를 많이 받았다.

"환자를 돈벌이 수단으로 생각하지 않는 거죠. 정말 사람을 사랑하는 마음과 행동이지요!"

비단 의사에게만 사람 사랑이 가장 중요한 가치이겠는가? 모든 사람에게 필요한 미덕과 가치가 바로 사랑이다. 특히 사람들 사이에 얽히고설킨 관계의 매듭을 이 사랑이 어떻게 풀 수 있을까? 이런 사랑을 가진 사람은 관계 문제의 어려움을 풀어내는 '중재자'(Mediator)라고 할 수 있다.

특히 크리스천 직업인들은 일터에서 남다른 사랑을 보여줄 수 있어야 한다. 바울은 디모데에게 편지를 보내면서 말세에는 사람들이 자기를 사랑하고 돈을 사랑한다고 지적했다. "너는 이것을 알라. 말세에 고통하는 때가 이르러 사람들이 자기를 사랑하며 돈을 사랑하며 자랑하며 교만하며 비방하며 부모를 거역하며 감사하지 아니하며 거룩하지 아니하며"(딤후 3:1-2). 사랑이라고 해도 이기적인 사랑이나 흔히 볼 수 있고 돈을 사랑하는 탐욕이 만연한 시대에 남다른 크리스천의 희생적 사랑이 결국 세상을 변화시킬 수 있을 것이다.

사람을 사랑하기,
진정한 희생이 가능한가?

아마도 이 이야기는 어떤 형태로든 많은 사람이 들어

본 적이 있을 듯하다. 1987년, 미국 플로리다주의 패트릭 공군기지의 신문인 〈Missileer〉 2월 13일 자에 나온 기사의 내용이다. 베트남 전쟁 동안에 존 맨서 대령이 들은 이야기를 신문에 실었다(노옴 웨이크필드 지음, 「이스라엘에서 온 남자 모압에서 온 여자」, IVP 펴냄, 150-151쪽).

베트남 마을의 한 고아원이 베트콩의 박격포 공격을 받았다. 선교사들과 두 아이가 죽었고 몇몇 아이는 상처를 입었다. 그중 한 아이는 여덟 살 된 여자아이였다. 의료지원이 필요했는데 미군이 응했다. 소통할 수 있을 만큼 영어를 잘하는 사람도 없었고 상황이 좋지 않았다. 해군 군의관이 진단하니 수혈이 긴급하게 필요한 위급한 상태였다. 또 확인해보니 다치지 않은 아이 중 몇 아이들의 혈액형이 그 소녀의 혈액형과 일치했다.

의료담당 요원은 엉터리 베트남 말과 손짓 발짓으로 아이들에게 설명했다. 큰 상처를 입은 소녀에게 수혈하지 않으면 그 아이는 죽을 것이라고 알렸다. 그러고 나서 "너희들 중 누가 이 여자아이에게 피를 줄 수 있겠니?"라고 물었다.

어색한 침묵이 흐른 후에 헹이라는 한 소년이 머뭇거리며 손을 들었다. 그래서 재빨리 그 소년을 소녀 옆 매트에 누이고 혈관에 바늘을 꽂았다. 그런데 수혈이 시작되자 소년은 갑자기 얼굴을 손으로 가리고 흐느꼈다. 시간이 흐르면서 흐느끼던 소리가 큰 울음소리로 변했다. 의료팀은 뭔가 잘못된 줄 알았으나 영어를 잘하는 베트남 간호사가 도착할 때까지는 소년과 제대로 의사소통할 길이 없었다.

도착한 베트남 간호사가 훌쩍거리는 소년과 베트남 말로 대화하기 시작하면서 소년은 점차 울음을 그쳤다. 그러고는 안심하고 만족스러운 표정을 지었다. 그러자 베트남 간호사가 미국 의료팀에게 그소년의 특이했던 행동을 설명해주었다.

"이 아이는 자기가 죽어가고 있다고 생각했어요. 당신의 말을 오해한 거죠. 이 수혈이 필요한 소녀를 살리기 위해 자기의 피를 모두 주라는 것으로 생각한 거예요."

놀란 미국 간호사가 "그런데 어떻게, 왜 이 아이는 자기 목숨을 주는 것인 줄 알면서도 수혈을 하려고 했을까요?"라고 물었다.

베트남 간호사가 소년에게 묻자, 헹이라는 소년이 대답했다.

"그 애는 내 친구니까요."

바로 예수님이 그렇게 친구를 위한 사랑으로 목숨을 바친 분이시다. 예수님이 제자들에게 말씀하셨다. "사람이 친구를 위하여 자기 목숨을 버리면 이보다 더 큰 사랑이 없나니 너희는 내가 명하는 대로 행하면 곧 나의 친구라"(요 15:13-14). 가장 큰 사랑은 친구를 위한 사랑이라고 하신 예수님은 말씀대로 친구들을 위해 목숨을 버리셨다.

역사 속에도 희생하며 숭고한 사랑을 보여준 사건이 있었다. 파리에 있는 조각가 로댕의 기념관에 〈칼레의 시민〉이라는 조각품이 있다. 14세기 중반에 영국과 프랑스 간의 백년전쟁이 시작된 지 10년쯤 뒤인 1347년에 프랑스 칼레시가 함락되었다. 이때 노블레스 오블리주를 보여준 멋진 시민들 여섯 명을 기리기 위해 칼레시에서

'생각하는 사람'으로 유명한 조각가 오귀스트 로댕에게 의뢰해서 만들어진 기념 조각이다(1895년).

백년전쟁은 프랑스와 잉글랜드 사이에 일어난 100년이 넘는 동안의 전쟁이었다(1337-1453). 1347년에 에드워드 3세와 필립 6세 사이에 벌어진 전투와 칼레시의 항복과정을 동시대인으로 체험한 프르와싸르가 직접 적은 기록 〈프르와싸르 연대기〉가 있다. 이 사람의 이야기 속에 당시 사건의 기본적인 내용이 담겨 있다(게오르크 카이저 지음, 「칼레의 시민들」, 성균관대학교출판부 펴냄, 106-107쪽, 작품 소개 중에서).

백년전쟁 중 영국 왕이 1346년에 크레씨(Crecy)에서 승리한 후, 1346년 8월부터 프랑스로 쉽게 드나들기 위해 항구도시인 칼레시를 정복하려고 도시를 포위했다. 그런데 영국군의 포위망 속에서 칼레 시민들이 약 일 년 동안 버텼다. 칼레시의 시장인 쥐앙 드 뷔안느는 오랫동안 영국군에 포위되어 식량이 고갈되자 항복을 결심했다. 칼레 시민들의 목숨을 구하기 위해 영국 왕에게 칼레시를 넘겨주려고 했다.

영국 왕 에드워드 3세는 항복을 받으면서 자기 뜻을 칼레 시민들에게 전했다. 칼레 시민들 가운데 가장 명망 있는 여섯 명이 벌거벗은 채 속옷만 걸치고, 모자도 쓰지 않은 채 목에 오랏줄을 감고, 칼레시와 요새의 열쇠를 들고 성 밖으로 나와 항복하고 교수형을 당하면 다른 모든 주민의 목숨을 살려주겠다는 요구조건이었다.

쥐앙 드 뷔안느 시장이 시민들을 공회당으로 불러 모았다. 그리고 영국 왕의 요구조건을 받아들이기로 했다. 여섯 명의 인질을 모집했는데 위스땃슈 드 생 피에르가 가장 먼저 나섰다. 그는 칼레시에서 가장 부자였다. 이어서 쥐앙 대르, 쟈켐므 드 위상, 피에르 드 위상, 쥐앙 드 뷔안느, 앙드리유 당드르라는 여섯 사람이 도시를 구하기 위해 영국 왕 앞에 나서서 죽기를 자청했다. 이 사람들은 칼레시 최고의 부자, 그리고 법률가, 시장 등 사회 지도층이었다. 그야말로 노블레스 오블리주였다.

칼레 시민들의 통곡소리를 들으며 여섯 명의 인질은 성문 밖의 영국군 진영으로 나아갔다. 분노를 삭이지 못한 영국 왕이 그들의 처형을 명령했다. 그러나 임신 중이던 영국 왕비 필라파 드 에노가 장차 태어날 아기를 생각하여 그들을 사면해달라고 왕에게 간청했다. 그러자 왕이 감동해서 여섯 명의 칼레 시민들을 살려주고, 그들에게 각각 동전 여섯 닢을 나누어주며 영국군 진영에서 풀어주었다. 연대기가 전하는 내용을 보면 이렇게 역사 속에도 목숨을 바치며 희생하여 사랑을 실천한 사례가 있다.

계약관계가 아닌
언약관계로 실천하는 사랑

영화 〈제리 맥과이어〉(Jerry Maguire, 1996, 카메론 크로우 감독)는 유명한 스포츠 에이전트로 잘나가던 제리 맥과이어의 회심에 대해 다룬다. 부상 당한 자기 아버지를 돈 때문에 프로야구 경기에 나가게 하려는 모습을 본 그 아들이 자기에게 손가락으로 욕을 하는 것을 보고 제리는 충격을 받았다. 그래서 바람직한 회사에 대한 제안서를 작성해 동료들에게 돌렸다가 해고당한다. 나가서 혼자 에이전트 사무실을 열어서 맨땅에 헤딩하며 새롭게 시작해보려고 노력하지만 번번이 실패한다.

예전 회사의 방해와 업계의 따돌림을 당하면서 힘들게 새 회사를 꾸려나가던 맥과이어는 현재 잘나가고 있지는 못하지만 유망한 한 미식축구 선수에게 집중하며 에이전트 역할을 한다. 그런데 단순한 계약관계로 보는 것이 아니라 참다운 인간적인 관계를 맺으면서 그를 도와준다. 그가 경기 중에 다쳤을 때도 진심으로 인간적인 관심을 표현하면서 돌봐주고 가족들을 안심시켰다. 결국 그 미식축구 선수에 대한 계약관계를 넘어서는 의미 있는 관계 설정이 진정한 성공의 요인이라고 이 영화는 보여주고 있다.

'계약'(Contract)은 우리 생활에서 매우 익숙한 단어이다. 회사에 입사할 때도 근로계약서를 작성한다. 이에 비해 '언약'(Covenant)이라는 단어는 사회에서 거의 사용하지 않는다. 그런데 성경에서는 언약이란 말이 자주 나올 뿐 아니라 관계를 설명하는 중요한 개념이다.

하나님이 인류의 첫 조상인 아담과 언약을 맺으시고, 그것이 노아와 아브라함에게 전해지며 하나님과 이스라엘 백성들의 밀접한 관계로 이어진다. 구약시대의 언약을 잇고 피날레를 장식하는 것이 예수 그리스도의 언약이다. 한마디로 말하면 십자가이다. 예수님이 십자가에 달려 돌아가시기 전에 마지막 유월절 만찬을 하셨다. 그

식사자리에서 예수님은 빵을 들어 축복하신 다음, 떼어서 제자들에게 주시고 말씀하셨다.

"받아서 먹어라. 이것은 내 몸이다."

또 잔을 들어 감사기도를 드리신 다음, 그들에게 주시고 말씀하셨다.

"모두 돌려가며 이 잔을 마셔라. 이것은 죄를 사하여주려고 많은 사람들을 위하여 흘리는 나의 피, 곧 언약의 피다."

결국 신앙은 하나님과 사람의 인격적인 관계에서 시작되는 언약관계이다. 언약관계를 통해 우리는 믿음을 가졌고 하나님의 자녀로 신앙생활을 한다. 결혼도 계약관계가 아니다. 성경은 결혼한 부부의 관계를 하나님과 성도들 사이의 관계로 비유해서 설명한다. 부부의 관계는 사람 사이의 관계 중에 하나님과 사람 사이의 신앙관계와 가장 비슷하다고 말할 수 있다. 요즘 결혼이 점차 계약관계로 변질해서 결혼할 때부터 이해관계를 너무 따지고, 그런 문제로 쉽게 이혼하며, 아예 계약결혼이라는 말까지 한다. 하지만 '계약결혼'이라는 말은 '둥그란 삼각형'이란 말처럼 모순된다.

그렇다면 일터에서도 언약관계가 가능할까? 예전에 노예제도 아래서 (물론 선량한) 주인과 노예와의 관계는 언약관계였다고 볼 수 있다. 성경에서 바로 그런 언약에 근거한 주종관계를 말한다. 그래서 하나님은 아브라함과 언약을 맺을 때 자손만이 아니라 노예들까지 포함시키셨다. 그러나 노예제도가 사라진 후 일터의 관계는 더 이상 언약관계가 아니며 대부분은 계약관계가 되었다. 그래서 급여

나 하는 일이 자신에게 맞지 않을 때는 얼마든지 계약관계를 끊고 다른 곳으로 갈 수 있다. 그래도 예전에는 한 직장에서 꽤 오랜 세월을 보내면서 계약관계이면서도 언약관계처럼 지낼 수 있었다. 그러나 이제 우리 일터사회도 연봉제로 변화되면서 점점 더 계약관계가 되는 현실을 부정할 수는 없다.

그러나 우리는 일터에서도 언약관계를 고려해볼 수 있다. 복음서에 등장하는 로마군 백부장을 통해서도 언약관계에 기초한 사랑을 발견할 수 있다. 우선 백부장은 아랫사람인 종을 사랑했다고 성경이 명시적으로 표현한다(눅 7:2). 점령군의 지역사령관이자 실제적 지배자인 로마군 백부장이 자신의 휘하에 있는 백 명의 부하들도 아닌 한 노예를 사랑했다니 실감이 잘나지 않을 정도이다.

더구나 당시의 사회통념 상 물건 취급하여 사고팔던 종을 위해 이 백부장이 동원하고 있는 인사들의 면면을 보면 놀랍다. 백부장은 유대인의 장로들을 한 사람도 아니고 여러 명을 두 번이나 예수님께 보냈다(눅 7:3,6). 또한 당시의 유명 인사이자 좀처럼 만나기 쉽지 않은 예수님마저 동원하고 있다. 백부장은 자기 종을 정말 사랑했고, 그 사랑을 실천해보였다.

영국 근대사의 대정치가 중 한 사람인 윌리엄 E. 글래드스턴이 네 번째로 총리로 재직할 때의 일이다. 의회에서 야당의원들의 거센 질타와 정치적 공세를 받고 있을 때 총리실 직원 한 사람이 총리에게 오더니 귓속말하고 내려갔다. 그러자 총리는 "질의를 연기해주십시오"라고 일방적으로 말하고는 황급하게 회의장을 빠져나갔다. 의원들은 직무유기이고 도피라고 야유를 퍼부으며 고함을 쳤고 집기를 집어던지는 의원들도 있었다.

의사당을 도망치듯 빠져나온 총리가 급히 찾아간 곳은 병원이었다. 오랫동안 글래드스턴 총리의 마부로 일하던 사람이 죽어가고 있었다. 늙은 마부는 평생을 섬겨온 글래드스턴의 손을 꼭 잡고 미소 지으며 행복하게 운명했다. 총리가 의회를 급히 떠났던 이유가 의회 의원들에게도 전해졌다. 글래드스턴 총리가 다시 의사당으로 들어설 때 의원들은 기립박수로 맞이했다고 한다.

아랫사람을 사랑할 줄 아는 사람이 윗사람도 사랑할 수 있다. 예수님이 이스라엘 중에서도 이만한 믿음은 만나보지 못했다고 칭찬하신(눅 7:9) 백부장은 윗사람이라고 할 수 있는 예수님을 향해 극단적인 존경을 보내고 있다. "우리 집에 들어오지 마십시오. 제가 부하들에게 하라고 하면 하듯이 예수님이 오시지 말고 말씀만 하셔서 제 종을 고쳐주십시오"라고 말한 백부장은 예수님을 하나님으로 인정하는 믿음을 가지고 있었다. 또한 그의 말에는 윗사람을 향한 존경이 가득 담겨 있었다. 존경은 아랫사람이 윗사람에게 사랑을 표현하는 가장 강력하고 효과적인 미덕이다.

일터에서 윗사람과 겪는 어려움은 수도 없이 많다. 당연하다고 할 수 있는데 윗사람과 갈등이 생기면 그 모든 과정이 나의 직장경력에 큰 도움이 되는 '보약'이라고 생각할 수 있으면 좋다. 그런 갈등의 경험이 없다면 많은 사람 간의 갈등을 조율하고 시너지를 발휘해야 하는 관리자의 자리에 오르기란 쉽지 않다. 치열한 갈등의 과정을 겪지 못하면 나중에 더 고생할 수도 있다.

특히 윗사람과의 관계에서는 태도가 중요하다. 건방진 모습을 보이면 아무리 좋은 이야기를 해도 소용없다. 어떤 상황에서라도 건방진 태도는 금물이다. 윗사람에게 하는 '직언'(直言)은 없다고 보아도 좋다. 자식이 부모에게, 아랫사람이 윗사람에게 "당신이 틀렸습니다. 이것은 아닙니다"라고 말할 때 그것을 용납할 수 있는 윗사람은 전혀 없다고 말해도 그리 틀리지 않는다.

직언하려고 할 때 화가 난 상태로 윗사람을 찾아가면 열이면 열 '태도 문제'에 걸려 목적을 달성하지 못하기 마련이다. 자신이 화가 나 있거나 상사가 화가 났을 때 찾아가면 안 된다. 찾아가더라도 조금 시간의 간격을 두고 그 시간 동안 생각하거나 그 문제를 위해서 기도해보라. 직언보다 오히려 중보기도가 더 효과가 좋은 경우를 경험할 수 있다. 이렇게 윗사람을 사랑하는 마음으로 존경하면 그 보상이 나에게 돌아온다.

다윗은 사울왕의 미움을 받았으나 끝내 사울왕을 향해 적대적이지 않았다. 이런 다윗의 태도는 윗사람을 향한 사랑이었다. 다윗은 신중하고도 어려운 결정을 하여 궁궐을 떠난 후에도 자신을 추격하는 사울왕을 죽일 결정적인 기회가 두 번이나 있었지만 사울왕을 죽이지 않았다. 다윗은 하나님이 세우신 권위의 본질을 이해하고 있었기 때문이다. 사랑이 있었기에 다윗은 사울이 굴속에서 볼일을 볼 때나 하나님이 잠들게 하여 야전에서 모든 사람이 다 잠들어 있을 때도 복수하지 않았다.

그랬더니 결국 다윗의 측근 부하들은 훗날 다윗을 결정적으로 모반하거나 배신하지 않았다. 많은 반역 사건을 경험했으나 그의 측근 부하들은 아니었다. 모사 아히도벨이 압살롬의 반역 때 압살롬의 편에 섰지만 결국 다윗왕에게 도움이 되었던 적이 있었다. 평생 껄끄러운 관계였던 요압 장군도 다윗이 죽은 후에야 아도니야 왕자의 편에 선 정도가 전부였다. 윗사람을 향한 존경과 사랑이 이렇게 보상으로 되돌아오는 것을 알 수 있다.

나아만 장군 집의 여종과 부하들도 윗사람인 나아만 장군을 사랑하여 좋은 결과를 얻은 아름다운 사례를 보여준다. 아람 나라의 군대장관 나아만이 한센병을 고침받았는데, 그 놀라운 이적이 가능하게 한 아랫사람들의 제안이 있었다. 그 집의 종이었던 유대인 소녀가 엘리사 선지자의 능력을 이야기하면서 그곳에 가 보기를 제안했다(왕하 5:1-4). 자기 부모를 죽이고 자기를 포로로 잡아와서 몸종으로 부리는, 나아만 장군을 사랑하는 마음이 없었다면 이런 제안을 할 수 없었다.

또한 요단강에 가서 일곱 번 목욕하면 병을 고칠 수 있다는 선지자의 무성의해 보이는 말을 듣고 화가 나서 돌아가려던 나아만 장군에게 부하들이 제안했다. 그들은 말했다. "아버지여, 목욕을 못 할 이유가 뭡니까? 하기 힘든 일을 시켜도 다 하겠다 결심하고 위험한 적국으로 오는 힘든 결심을 했는데 이런 쉬운 일을 왜 못하십니까? 한번 해보시죠." 윗사람을 향한 사랑과 존경이 없었으면 이런 제안은 절대 가능하지 않았다. 더구나 몸이 아픈 윗사람이 화가 나서 제대로 판단하지 못할 때 그 윗사람의 아픈 마음과 몸을 감싸 안으면서 "내 아버지여!"라고 호칭했던 부하들의 존경심은 정말 대단하다고 말하지 않을 수 없다. 평소에도 부하들이 나아만 장군을 '아버지'라고 불렀겠는가? 윗사람을 향한 그들의 존경과 사랑을 잘 보여준다. 이 사랑으로 인해 이방나라 군대장관의 한센병을 고쳐주신 하나님의 놀라운 이적이 더욱 돋보였다.

사랑의 실천이
관건이다

그러면 이 사랑을 어떻게 실천할 수 있는가? 이것이 우리의 숙제이다. 작고한 박완서 작가가 「못 가본 길이 더 아름답다」라는 산문집에서 이런 글을 썼다. 지인들과 일본 삿포로에 갔는데 서점에서 뜨개질 실용서를 보며 젊은 날을 추억했다. 어린 자녀들을 여럿 둔 이삼십대 시절에 재봉틀도 많이 돌리고 뜨개질도 많이 했다고 한다. 박완서 작가가 마흔이 넘어 등단했으니 전업주부 시절의 이야기다. 그때 어렵게 구한 일본 뜨개질 책에 나와 있는 대로 게이지를 내서 아이들 치수에 맞춰 코수를 계산해서 옷을 뜨면 기가 막히게 잘 들어맞았다고 한다. 그 한 치를 다투는 정확성이 마음에 들었다.

그런데 손뜨개질 옷은 아이들이 커가면서 옷을 풀어 다시 뜨는 재미가 여간 아닌데, 입던 옷의 그 오글오글한 실로는 정확한 게이지가 제대로 나오지 않았다. 그러면 기나긴 겨울밤에 화로에 얹은 주전자로 물을 끓여가면서 그 수증기에 오글오글한 털실을 통과시켰다. 그러면 오글거리던 실이 폭신한 새 실처럼 나왔다. 그렇게 밤을 새워서 아이들에게 입힐 옷을 뜨개질했던 일을 작고한 박완서 작가는 이렇게 표현했다.

"내 엄마 노릇의 고달픈 기쁨!"(현대문학 펴냄, 121-122쪽).

아니, 고달픈데 기쁠 수 있는가? 괴롭지 않고 기쁜 이유는 바로 그것이 자식들을 위한 부모의 헌신이기 때문이다. 우리가 사람들과의 관계로 확대해야 할 사랑의 책임도 이와 비슷하다. 가족을 위한 사랑의 의무가 고달픈 기쁨인 것처럼 우리 교회 교우들, 일터의 동료들, 이웃 사람들, 우리 민족, 세계 시민까지 아름다운 사랑의 열매로 확산될 수 있다. 진정한 사랑은 그것을 가능하게 한다.

물론 일터에서 여러 차례 기회를 주어도 실수하는 사람을 사랑하기란 쉽지 않다. 중요한 약속을 어긴 사람을 사랑하기도 부담스럽다. 무뚝뚝한 사람을 사랑하기도 피곤하고 불평하는 사람을 사랑하는 데는 각별한 노력이 필요하다. 그러나 진짜 사랑은 아가페의 사랑인데 이것은 감정적인 사랑과는 다르다. 그것은 하나님의 관점에서 옳은 일을 하겠다는 '의지'가 내포된 실천적인 사랑을 말한다. 사랑이란 필요에 합당하게 반응하는 것을 의미한다. 이 사랑이 바로 성경에서 말하는 성령의 열매(갈 5:22-23) 중 하나이다. 하나님의 영이 충만한 사람에게 나타나는 결과이다. 이런 사랑을 위해서 우리가 노력해야 한다.

이런 사랑을 어떻게 실천할 수 있는가? 함께하면서 문제를 겪어나가고 짐을 서로 질 수 있다. "너희가 짐을 서로 지라. 그리하여 그리스도의 법을 성취하라"(갈 6:2). 치열한 경쟁의 현장인 일터에서 어떻게 짐을 서로 져서 사랑의 법을 성취할 수 있을까?

유한킴벌리사의 이덕진 전 회장이 전무 시절에 하는 간증을 들었다. 법무팀에 경력사원으로 들어온 한 직원이 무척 힘들어했다. 동료들과의 관계도 좋지 않고, 일도 힘들어하는 모습이 자주 보였다. 어느 날 밤, 야근하는 직원을 보고 다가가 이렇게 격려했다.

"사랑하는 김 차장, 나는 김 차장이 겪는 어려움을 잘 해결해낼 줄 믿고 있어요."

이렇게 격려하는 윗사람이었다. 그는 왜 직장에서는 어울리지 않는 '사랑하는'이라는 표현을 사용하면서 김 차장을 격려했을까?

그 어려움을 겪는 아랫사람에게 자신이 필요하다고 생각했기 때문은 아니었을까? 이것이 바로 사랑이다. 사랑이라는 미덕은 너무 부드럽고 감상적이어서 일터와 같은 경직된 조직에서는 어울리지 않는 단어처럼 들린다. 그런데 일터공동체에서 한 사람 한 사람의 아픔을 생각해본다면 불가능하지는 않다. 예수님의 사랑을 받은 존재가 나이고, 또한 나는 누군가의 관심과 사랑을 받았음을 기억해보면 된다. 그러면 나도 동료의 실수를 용서하고 상처받은 고객, 좌절에 빠진 동료들을 보듬어줄 수 있게 된다.

영국 성공회 사제이자 저명한 신약학자인 톰 라이트는 그의 책

「그리스도인의 미덕」에서 예수를 주님으로 고백하는 신앙이 일상에서 어떤 의미가 있어야 하는지 지적한다. 하나님을 믿는 신앙은 세상이라는 공동체 안에서 사랑으로 나타나야 한다. 영국 정부의 통계조사를 보면 지역사회에서 상당한 시간과 비용을 들여가면서 노인과 장애우, 그리고 죽어가는 사람들과 영유아를 돌보는 일을 하는 사람들 대다수가 크리스천이라고 한다. 그럴 수 있는 원동력을 교회의 생명력이 자극하는 것이라고 하면서 사랑의 미덕을 보이는 봉사의 습관을 초대교회의 사례로 입증한다.

톰 라이트는 로드니 스타크의 책 「기독교의 발흥」(The Rise of Christianity)에 나오는 인상적인 대목을 인용하는데, 고대 터키에서 전염병이 돌았을 때 크리스천들이 보인 반응에 대한 부분이다. 많은 부자, 특히 의사들은 가족과 재산을 모아 전염병을 피해 도시를 떠났다. 그런데 대부분이 극빈자거나 노예였던 많은 크리스천이 도시에 남아 전염병 환자들을 돌보았다. 환자 중 건강을 되찾은 사람도 있었고, 때로는 환자를 돌보던 크리스천이 전염병에 걸려 죽기도 했다. 이들의 행동은 무엇을 말해주는가? 그리스도인들은 왜 그런 활동을 했는지, 그렇게 행동한 마음의 습관은 무엇인지 설명해달라는 요청을 받았다고 한다. 톰 라이트는 이렇게 기록한다.

"그들은 예수와 그들이 예수를 통해 발견했던 하나님, 과거에나 현재에나 자기를 내어주는 사랑의 성품을 지니신 하나님에 관해 얘기하곤 했다. 바로 이런 행위 때문에 4세기 초에 이르기까지 로마의 박해자들이 온갖 수단을 동원하여 그리스도인을 박해했음에도 불구하고 기독교가 빠르게 퍼져나가게 되었다고 스타크는 주장했다. 그래서 결국 로마제국의 거의 반쪽이 그리스도인이 되었고, 황제들은 이기고 있는 쪽에 합류하는 편이 낫겠다고 생각했던 것이다"(톰 라이트 지음, 「그리스도인의 미덕」, 포이에마 펴냄, 392-393쪽).

오늘 우리 시대에 필요한 사랑이 바로 이런 사랑 아니겠는가? 기독교의 복음전도를 통한 진정한 부흥을 가능하게 했던 우리 선배들의 사랑 실천을 우리도 몸소 실천해보여야 한다.

분노사회를 치유할
가장 강력한 미덕, 용서!

"

"가격에 구애받지 말고, 현실성도 고려하지 않고, 무엇이든지 당신이 지금 당장 가장 원하는 것이 무엇인가?" 만약 이런 질문을 받는다면 어떻게 답하겠는가? 한 설문조사에서 대학생들에게 이 질문을 했더니 의외였다. 가장 많은 사람이 답한 항목은 '감동'이었다. 각박한 현실 속에서 사람들은 찡한 감동을 원한다. 대학생들만 그렇지는 않을 듯하다. 오늘 우리 시대의 많은 사람이 감동에 굶주려 있다.

사람 사이에서 가장 힘들게 한다는 항목은 역시 인간관계인데, 인간관계에서 감동하는 방법은 무엇일까? 크리스천들이 세상에서 살아가며 크리스천다운 모습을 보일 수 있는 가장 분명한 캐릭터는 바로 '용서'라고 생각한다. 용서의 본질을 알면 우리 크리스천들만 할 수 있는 것이기에 차별화된 감동을 사람들에게 줄 수 있을 것이다.

가정에서 가족들을,
일터에서 동료들을 용서합시다

창세기 50장에 보면 요셉과 형들 간의 아픈 상처에 관한 이야기가 나온다. 형제들의 아버지 야곱이 별세한 후에 요셉의 형들이 동생 요셉에게 사람을 보냈다. 형들은 아버지가 돌아가신 후 요셉이 자신들에게 복수하지 말라고 했다는 아버지의 유언을 전했다. 그 말을 들은 요셉이 울었다. 왜 울었을까? 이때 형들은 틀림없이 거짓말을 했다. 만약 아버지 야곱이 자신이 죽은 후 자식들 간의 갈등을 염려했다면 형들의 말처럼 형들에게만 그런 유언을 남겼겠는가? 야곱이 만약 그런 염려를 했다면 죽기 전에 요셉을 불러서 신신당부하지 않았을까. "요셉아, 형들의 잘못이 크고 네가 마음이 많이 아팠겠지만 이 애비를 봐서라도 내가 죽은 후 형들을 용서하고 잘 돌봐다오."

그런데 요셉은 전혀 들어보지도 못한 이야기를 형들이 하고 있으니 요셉이 안타까웠다. 형들은 요셉의 권력이 대단했기에 만약 아버지라는 방패막이가 사라지면 요셉이 자신들에게 복수할 것이라고 지레짐작했다. 권력자와 그 측근에 있던 가족들의 상황에 대해 우리는 어렵지 않게 이런 상황을 예상할 수 있다. 이런 일을 겪으면서 요셉은 용서가 정말 힘들다는 현실을 깨달았다. 요셉의 생각에 그 문제는 17년 전에 이미 다 해결된 줄 알았다. 형들이 애굽에 곡식을 사러 왔을 때 요셉은 이미 용서했다.

"나는 당신들의 아우 요셉이니 당신들이 애굽에 판 자라. 당신들이 나를 이곳에 팔았다고 해서 근심하지 마소서. 한탄하지 마소서. 하나님이 생명을 구원하시려고 나를 당신들보다 먼저 보내셨나이다. … 하나님이 큰 구원으로 당신들의 생명을 보존하고 당신들의 후손을 세상에 두시려고 나를 당신들보다 먼저 보내셨나니 그런즉 나를 이리로 보낸 이는 당신들이 아니요 하나님이시라"(창 45:4-8).

형들이 자기를 노예로 팔아서 아프고 힘든 시절을 보냈지만 요셉은 하나님의 섭리가 있었음을 알고 있었다. 하지만 요셉도 아픔과 상처로 인해 수시로 그의 마음이 괴로웠다. 때로 분노가 치밀었을 것이다. 용서는 누구에게나 이렇게 힘들다. 그래서 요셉은 그들의 어려움을 이해하고 두려워하지 말라고 위로했다. 그리고 17년 전에 형들에게 말했던 그 용서의 말을 반복했다. "두려워하지 마소서. 내가 하나님을 대신하리이까. 당신들은 나를 해하려 하였으나 하나님은 그것을 선으로 바꾸사 오늘과 같이 많은 백성의 생명을 구원하게 하시려 하셨나니 당신들은 두려워하지 마소서. 내가 당신들과 당신들의 자녀를 기르리이다"(창 50:19-21).

우리도 요셉처럼 형제들을 용서해야 한다. 우리 가족들을 용서할 수 있다. 관심이 없어서 잘 몰라 그렇지, 사람마다 아픔이 있다. 물론 가족이 미울 수도 있다. 얄미운 형제들이 있고 미운 자식들도 있다. 부모님도 미울 수 있다. 남편도, 아내도 미운 행동을 한다. 그런데 가만히 생각해보면 그들 나름의 말 못 할 아픔과 고통이 있었다. 요셉도 아버지가 미웠을 것이다. 그러나 요셉은 아버지를 생각하면 아버지의 인생을 느낄 수 있었다. 아버지 야곱은 자기가 원해서가 아닌 여러 복잡한 상황으로 인해 네 여인과 함께 살게 된 그런 환경과 처지가 있었다. 태어날 때부터 쌍둥이 형과 갈등을 겪은 아픔도 있었다. 그런 아버지의 인생을 생각해보면 왜 측은한 마음이 들지 않았겠는가?

어려운 시절을 살아오신 부모님들만 힘든 것은 아니다. 오늘 우리 시대에는 자녀들도 어려움이 많다. 세대가 바뀌면서 부모들은 생각하지도 못하던 고통과 아픔이 있다. '나 때는 안 그랬는데'라고만 생각하면 공감하기도 쉽지 않은, 우리 아이들의 고민이 있다. 이렇게 아픔과 고통에 대해 생각해주는 것이 바로 사랑이다. 용서해야 한다. 특히 가족들을 용서해야 한다. 용서는 매우 비싸다. 돈을 주고 사기도 힘들다. 아예 살 수 없을 수도 있다. 용서해야 우리의 인생이 밝고 미래가 있다. 용서한 사람이 얻는 기쁨으로 인해 충만하고 복된 삶을 살 수 있다.

또한 우리는 일터의 동료들을 용서할 수 있어야 한다. 우리가 겟세마네 동산의 예수님께 배울 점이 있다. 예수님이 십자가를 앞두고 체포당하시던 현장에서 있었던 일이다. 순식간에 베드로가 칼을 꺼내어 체포조의 앞에 있던 한 사람의 귀를 베어버린 일이 있었다. 그 귀를 손에 든 예수님이 교훈을 주신다(요 18:1-11).

베드로가 칼을 들어 목을 치려던 그 사람은 대제사장의 종이었는데 이름이 '말고'였다. 말고라는 이름은 '왕의 권세'라는 뜻이다. 종의 이름 뜻으로는 너무 거창해서 우스워 보인다. 그 이름으로 미루어

보면 그의 부모에게 콤플렉스가 있었거나 원대한 꿈이 있었는지도 모르겠다. 어린 말고는 그런 부모의 기대를 안고 성장했다. 그런데 빚이 있어서 노예로 팔렸을 수도 있다. 지금은 대제사장의 종이 되었다. 거창한 이름을 가지고 겨우 남의 집에서 종노릇하고 있다. 더구나 체포조의 맨 앞에 서서 어설픈 베드로의 칼을 맞아 귀가 떨어졌으니 얼마나 불쌍한가? 이 사람 말고에게 연민이 가지 않는가?

베드로는 생각해야 했다. 자기가 칼을 휘둘러 목을 베어버리고 싶은 사람이 누군가 잘 살펴봐야 했다. 가만히 보면 참 딱한 사람이었다는 말이다. 우리도 조금만 자세히 살펴보면 우리가 칼을 휘두르려는 사람들의 불쌍한 모습을 볼 수 있다. 베드로 역시 말고를 내리치면서 그런 느낌을 받았을 것이다. 베드로나 말고나 이쪽 편과 저쪽 편에서 앞에 나서야만 하는 사람들이었다. 둘은 똑같은 사람이었다. 그러니 알고 보면 칼을 휘두르고 찔리는 사람들은 서로 불쌍한 존재들이다.

우리가 일하면서 우리를 화나게 하는 사람을 살펴보면 그 사람에게서 나 자신의 모습을 발견하는 경우가 많다. 그 사람에게 특별히 화가 나는 이유는 그의 모습이 곧 나의 모습이기 때문이다. 내가 못 하는 걸 그 사람도 못 한다. 그래서 더 화가 난다. 나 하나로 족한데 왜 또 나와 같은 사람이 있는지, 그것을 용납하기가 힘들다. 그래서 칼을 빼 휘두른다.

그럼 어떻게 해야 하겠는가? 우리 주님의 말씀대로 칼을 거두어야 한다. "칼을 칼집에 꽂으라"(요 18:11). 그리고 함께 눈물 흘려야 한다. "우린 서로 잘못한 사람들입니다. 함께 죄인입니다." 이렇게 고백하면서 칼을 거두어야 참된 위로를 얻는다. 칼을 빼 아무리 세차게 휘둘러도 복수를 끝마칠 수 없다. 칼은 칼을 부르고 칼을 가진 자는 칼로 망하기 때문이다(마 26:52). 우리가 휘두르는 그 증오와 복수의 칼 때문에 예수님이 십자가에서 돌아가셨다. 죄도 없으신 분이 온 인류의 죄를 지고 십자가에 달려 수치와 고통 가운데 숨을 거두셨다. 나의 칼질과 총질 때문에 십자가는 만신창이가 된다. 그 주님이 오늘 우리에게 말씀하신다. "칼을 칼집에 꽂으라. 아버지께서 주신 잔을 내가 마시지 아니하겠느냐"(요 18:11).

그리고 예수님은 베드로가 떨어뜨린 말고의 귀를 다시 붙여 낫게 해주셨다. 예수님은 체포되면서 슈퍼맨처럼 포박을 끊고 탈출하는 이적을 보여주지 않으셨다. 그 대신에 베드로가 저지른 실수를 감싸 주셨다. 말고의 떨어진 귀를 치료해주시는 사랑의 이적을 베푸셨다.

우리도 칼을 거두어야 한다. 주님의 십자가 앞에서 우리가 눈물을 흘려야 한다. 그 주님이 우리에게 말씀하신다. "내가 너를 사랑한다." 분노하면서 칼자루를 쥐느라 못이 박힌 우리의 손을 잡으면서 예수님은 오늘도 용서할 준비를 하고 계신다. 주님의 말씀을 듣고 주님의 십자가 앞에 그 모든 분노와 복수의 감정을 다 내려놓아야 한다. 우리가 주님 앞에 진정으로 회개할 때 용서해주신다. 칼을 휘둘렀던 것을 이제 그치고 칼을 칼집에 꽂겠다고 결심할 수 있어야 한다. 그래야 감동 없는 세상에 찡한 감동을 줄 수 있다. 예수님을 믿어서 얻은 구원의 은총으로 이렇게 우리도 세상이 감동하게 할 수 있다. 칼을 거두어 녹여서 평화를 일구는 보습을 만들어 우리의 일터와 세상을 아름답게 농사지을 수 있다.

우리 일터에서 일하는 동료들도 자세히 살펴보면 이해할 수 있다. 용서할 수 있다. 그들이 도대체 왜 그러나 하고 가만히 생각해보면 용서의 근거를 발견할 수 있다. 그렇게 우리는 우리 동료들, 함께 일하는 사람들을 용서할 수 있어야 한다. 내가 하나님께 크게 용서받아 얻은 구원의 은혜를 깊이 묵상하면 나를 아프게 하고 해코지하는 사람들에게 작은 용서를 조금 떼어줄 수 있다. 예수님의 십자가를 생각하면서 시도해보는 것이다. 기도하며 노력해보면 우리도 용서라는 귀한 캐릭터를 사람들에게 보여줄 수 있다.

용서받았는가?
용서를 실천하라!

진정한 용서를 할 수 있는 사람이 어떤 사람인지 보여주는 영화가 있다. 바로 〈레미제라블〉(빌 어거스트 감독, 1998년)이다. 여러 차례 영화로 만들어진 장발장의 이야기는 소설이고 영화이니 가능한 것이라고 치부해버릴 수도 있으나 늘 감동적이다.

장발장은 빵을 하나 훔쳐 먹고 수감되었다가 탈옥을 거듭하며 19년이 넘게 갇혀 있다가 가석방으로 풀려났다. 결국 차근차근 삶을 일구어 작은 도시 비구시의 시장이 되었다. 그곳에 세운 한 공장은 어렵게 사는 주민들을 위해 특별히 마련했고, 나중에는 종업원들이 주주가 되게 하였다. 불쌍한 거리의 여인 팡틴을 돌봐주고, 그녀가 낳은 사생아 코제트를 악덕 하숙집 주인과 협상해 구해주었고 딸로 삼아 끝까지 돌봐주었다. 혁명전쟁이 일어났을 때는 코제트가 좋아하는 청년 마리우스를 장발장이 죽음 직전에서 구해 코제트에게 데려다주었다. 그리고 그 와중에 혁명군에게 잡힌 자베르 경감, 즉 자신을 집요하게 추적하는 원수도 살려준다.

그러면 장발장의 이런 훌륭한 인품과 너그러움, 그리고 이타적인 삶은 어떻게 가능했는가? 장발장이 용서하고 사람들에게 은혜를 베푸는 삶을 산 이유에 대해 말하는 부분은 이 영화의 핵심이다. 장발장은 장성한 코제트에게 자신의 비밀에 대해 이렇게 말한다. "난 범죄자다. 배가 고파 빵집 유리 너머에 있는 것을 훔쳐 먹었고, 그로부터 20년 동안 감옥생활을 했다. 나 역시 짐승이었다."

장발장은 그렇게 짐승처럼 살았다. 오랜 세월을 그렇게 살았다. 그가 오랜 수형생활 끝에 가석방된 날 주교 집에서 하룻밤 머물 때 사건이 있었다. 감옥생활을 했던 장발장을 꺼리는 표정을 감추지 못하는 주교 집의 사람들에게 그나마 저녁을 잘 대접받고 잠자리도 제공받았다. 그런데 장발장에게 욕심이 생겼다. 뭔가 일해서 사람답게 살려면 종자돈이 필요하겠다면서 성당의 은수저와 양식기들을 훔쳐 도망갔다.

물론 장발장은 그다음 날이 다 가기 전에 경관들에게 잡혀 왔다.

장발장이 후려갈긴 상처를 눈두덩에 그대로 가지고 있던 주교는 잡혀 온 장발장에게 특별한 호의를 베풀어준다. 은촛대까지 주었는데 왜 가져가지 않았느냐면서 말이다. 주교는 배은망덕한 장발장에게 은혜를 선물로 주었다. 거짓말이었으나 그것은 거짓말 같은 은혜였다. 욕심 때문에 하는 흔해 빠진 거짓말이 아니라 한 사람의 영혼을 살리는 '거룩한' 거짓말이었다.

주교가 만약 미사시간에 성경을 강론했다면 아마도 장발장은 그것을 듣기가 쉽지 않았을 것이다. 아예 그런 기회를 얻기도 힘들었다. '거짓말'하는 현장에, 연약하고 죄악된 영혼에 공감하는 역설을 통해서 장발장에게 은혜가 임했다. 결국 주교의 거짓말을 믿고 경관들이 떠나간 후 주교는 장발장과 대화를 나눈다.

"잊지 말게. 새사람이 되기로 한 약속을."

"왜 이런 은혜를 베풀어주십니까?"

"이제 자넨 우리 형제네. 이 은으로 자네의 영혼을 샀네."

그리고 그다음에 주교가 한 말이 중요하다.

"이제 증오에서 벗어나게."

빵 하나 훔친 죄로 20년을 갇혀 살았던 장발장의 마음을 주교는 알고 있었다. 은혜와 사랑이 증오에서 벗어나게 하는 유일한 약이다. 용서받은 자가 용서할 수 있다. 장발장이 언뜻 이해되지 않는 멋진 삶을 살아가는 원인이 바로 이 주교와 만나 겪었던 용서 체험에 있었다. 이 장면이 바로 예수 그리스도의 십자가 사건을 가장 잘 보여주는 것이 아닌가?

이런 용서를 체험한 장발장이 자신을 잡으려던 자베르 경감을 용서했다. 도망가도 괜찮았는데 그러지 않고 스스로 체포되기 위해 돌아온 장발장에게 자베르가 물었다.

"(전에) 왜 날 살려주었는가?"

"내겐 (당신을 죽일) 그럴 권리가 없소."

"날 증오하잖아?"

"그렇지 않소."

장발장의 손에서 수갑을 풀어준 자베르 경감은 "공직자로 평생 단 한 번도 법을 어기려고 하지 않았는데…"라고 중얼거리며 자기 손에 수갑을 채운 채 스스로 강물에 빠져 죽었다. 하지만 장발장은 증오에서 벗어나 있었다. 바로 용서받은 은혜 때문이었다. 이렇게 용서받은 사람이 용서할 수 있다. 이런 용서가 사람들을 세우고 세상을 변화시킬 수 있다.

화가 날 때
당신의 아비가일이 있는가?

관계문제를 풀어내는 중재자는 화를 낼 때도 남달라야 한다. 사실상 화는 내도 고민이고 참아도 힘들다. 화나는 대로 화를 낼 수도 없고 화를 내고 나면 뒤탈이 있으며 화를 참고 있자니 병이 되니 문제가 아닐 수 없다. 그렇다면 화를 잘 내야 하겠는데, 화를 잘 내는 방법이라도 있는가? 망명생활을 하면서 팀원들의 생계를 위해 고민하던 다윗에게 '화를 잘 내는 방법'을 배워 볼 수 있다.

사울왕의 핍박을 피해 망명생활을 하던 다윗이 마온 지방에 머물 때 나발이라는 이름을 가진 한 부자의 목장 근처에서 지냈다. 이웃하여 지내다 보니 다윗의 사람들이 나발 집안의 종들이 어려움을 겪을 때 도움을 주었다. 가축들의 약탈을 막아주는 방패막이가 되어 주었다. 나발의 집에서 양털을 깎는 날이었는데, 나발은 양을 3천 마리나 가지고 있었으니 큰 잔치를 벌인 날이었다. 그때 다윗은 사람들을 보내 나발의 집에서 음식을 좀 얻어 오라고 했다. 그러나 나발은 다윗이 보낸 사람들을 박대했다. 다윗이 도대체 어떤 놈이냐고 잡아떼면서 오히려 다윗이 데리고 있는 사람들이 주인에게서 도망간 종들이 아니냐고 능멸했다(삼상 25:2-11).

모욕당한 다윗은 머리끝까지 화가 나서 출병했다. 나발 집안으로 쳐들어간 다윗이 만약 계획대로 그 일을 실행했다면 인생의 큰 과오로 남았을 것이다. 이때 아비가일이 등장한다. 나발의 아내인 아비가일이 종들에게 자초지종을 듣고는 신속하게 상황을 판단했다. 아비가일은 급히 떡 2백 덩이와 포도주 두 가죽 부대와 양 다섯 마리, 볶은 곡식, 건포도, 무화과 등 다윗 일행이 먹을 음식을 준비하고 다윗을 맞으러 험한 협곡까지 내려왔다. 다윗을 만난 아비가일은 엎드려 얼굴을 땅에 대고 자기 남편의 무례를 용서해달라면서 다윗의 화를 누그러뜨렸다.

우리에게도 이런 '아비가일'이 있어야 한다. 우리의 아비가일은 가족이나 친구일 수도 있고 동료 직원일 수도 있다. 또한 사람이 아닐 수도 있다. 한 장소일 수도 있고 말씀에 대한 기억일 수도 있다. 이전에 화가 나서 저지른 행동 때문에 낭패를 보았던 기억도 아비가일의 역할을 할 수 있다.

전에 한 건설회사에서 일하는 여성 직원이 겪은 일을 월간 〈일하는 제자들〉에 소개했다. 회사에 입사하여 한 부서로 발령받았는데, 그에게 일을 가르쳐주는 사수는 이른바 '왕 깔끔이, 만물박사, 걸어다니는 사전'으로 불리는 선배였다. 일은 잘하는지 몰라도 여직원을 부를 때는 "너, 아무개" "야, 너" 이렇게 부르곤 했다.

6월의 어느 더운 날 늦은 오후에 갑자기 그 사수가 오더니 "야, 아무개! 너 이따위로밖에 못 해?"라는 말로 시작해 상사들이 뒷줄에 죽 앉아 있는데 계속해서 큰 소리로 야단을 치는 것이었다. 화를 참고 있던 이 직원이 그 순간 정신이 핑 돌았다. 서류뭉치를 잔뜩 집어 들어 그의 사수가 있는 쪽을 향해 힘껏 팽개쳤다. 서류뭉치가 '퍼덕' 하면서 바닥에 떨어지니까 정신이 번쩍 들었다고 한다. 왜 그랬는지도 모르겠고, 이후의 일을 감당할 수도 없었다.

이 직원은 본능적으로 사무실 문을 열고 뛰쳐나갔다. 평소에 괴롭고 울고 싶으면 달려가던 화장실로 갔다. 화장실에 앉아서 30분가량을 생각하며 울고 회개하며 기도했다.

"하나님, 제가 또 사고를 쳤습니다. 이제 제가 어떻게 해야 할지 좀 알려주세요."

그 직원에게는 화장실이 바로 아비가일이었다.

그렇게 사고를 쳤으니 선택해야만 했다. 입사 6개월밖에 안 된 신입사원이 사무실에서 그런 무례한 행동을 했으니 어디로 갈 것인지 고민이 되었다. 집으로 갈 것인가, 아니면 사무실로 다시 들어갈 것인가? 그 직원은 기도하면서 용기를 얻었다. 그리고 문을 열고 사무실로 들어갔다. 넓은 사무실이었는데 그가 들어서자 수십 명의 눈이 일제히 자기에게 박혔다고 한다. 그 넓은 사무실 안이 쥐 죽은 듯이 조용해졌다.

그 직원은 곧바로 선배 사수에게 걸어갔다. 그러자 그가 오히려 긴장했다. 그가 뭐라고 먼저 말하기 전에 그 직원은 머리를 크게 숙여 인사하면서 이렇게 말했다고 한다.

"제가 잘못했습니다. 용서해주십시오."

또박또박 말했다. 잘못 들었다고 해서 한 번 더 말하면 창피하니까 힘주어서 천천히 말했다. 그때 정말 진심으로 잘못했고 용서를 구하는 마음이 들었다고 한다. 선배와 그 직원이 잠시 눈이 마주쳐 어색하고 창피한 상황이었는데, 그 선배도 어이가 없다는 듯 피식 웃었다. 그러고 나서 그 직원은 자기 자리로 돌아와 퇴근할 때까지 꼼짝하지 않고 죽은 듯이 앉아 있었다.

이처럼 화가 날 때 꼭 기억해야 할 말씀이 있다. "내가 보복하리라"(신 32:35). 이것은 사람의 말이 아니다. 하나님이 직접 하신 말씀이다. 복수는 사람이 하는 것이 아니다. 악을 악으로 갚는 것은 성경의 원리가 아니다. 하나님이 하신다. 그러니 화가 나도 물리적인 방법으로 복수하려는 마음은 참아야 한다. 혹시 화를 내더라도 분노를 잘 처리하는 방법을 익혀야 한다.

분노를 처리하는 방법을 사도 바울이 소개한다. "분을 내어도 죄를 짓지 말며 해가 지도록 분을 품지 말고 마귀에게 틈을 주지 말라" (엡 4:26-27). 여기서도 알 수 있는 대로 화를 내는 것이 죄는 아니다. 화를 내어야 하는 상황에서 내지 않으면 오히려 무관심의 잘못을 저지를 수도 있으니 화를 내야 할 때는 내야 한다. 하지만 화를 내더라도 죄짓지 말아야 한다. 반복적으로 계속해서 화를 내지 말아야 하고 폭언이나 폭력으로 이어지면 안 된다.

그렇게 화를 잘 내기 위해서 우리는 적절한 '아비가일'을 두어야 한다. 그래서 우리의 분노를 통해 마귀가 유혹하지 못하도록 해야 한다. 근본적으로 우리는 우리의 큰 죄를 용서하신 예수 그리스도로 인해 화를 내더라도 잘 내는 사람이 되어야 한다. 그래야 화를 낼 때도 크리스천다움을 보여줄 수 있다.

일터를 세우는
공동체 의식의 유산을 남기며

,,

이익을 목표로 삼는 조직인 회사 안에서 공동체의 미덕을 찾아낼 수 있을까? '공동체'라고 하면 흔히 가족이나 교회 등을 생각하는데, 일터조직에서 공동체를 경험하기는 전혀 불가능한가? 직장 내의 우정에 대해서 부정적인 견해를 가진 사람들은 일터의 분위기가 몸이 아파도 동료에게 이야기하지 못할 정도라고 말한다. 몸이 좋지 않아서 치료받고 있다는 사실이 일터 동료들에게 알려지면 새 프로젝트가 시작되거나 중요한 일이 있을 때 건강상의 문제로 배제될 수 있다고 걱정하기 때문이다.

하지만 일터를 그렇게 경직된 곳으로만 이해하지 말고 같은 목표를 가진 사람들이 함께하며 인생의 귀한 경험을 함께 나누는 곳으로 여기는 자세가 필요하다. 동양적인 정서로 더 자연스러운 '확대가족'으로 보면서 노력해볼 수는 없을까? 우리의 일터를 이렇게 '공동체'를 모색해가는 곳으로 생각하면 또 다른 의미를 찾을 수 있다. 우리 크리스천들은 일터에서도 영적 팀워크를 통해 참된 제자의 삶을 실천해야 하기에 일터공동체를 세우기 위한 노력을 더욱 기울여야 한다.

형제 의식과 은혜 의식으로
세우는 일터공동체

어떤 조직이나 비슷하지만 한 일터에서 함께 일하며 한배를 탔다는 공동체 의식이 없다면 일터의 팀워크는 유지되지 않는다. 이런 점에서 다윗과 그를 따르는 사람들이 보여준 일터 공동체 의식을 살펴보고 배울 만하다.

사무엘상 30장은 다윗이 망명생활 중에 블레셋 왕 아기스에게 가서 시글락 성을 얻어 생활하던 시기에 대해 알려준다. 블레셋이 사울왕과 맞서 전쟁을 하려고 하는데 다윗도 참전하려 했다. 만약 하나님이 개입하지 않으셨다면 그 참전으로 다윗은 하나님 백성의 나라 이스라엘을 대적하는 엄청난 죄를 저지를 뻔했다. 아기스왕의 참모들이 적절히 조언하여 참전하지 못하고 자신이 살던 시글락 성으로 돌아왔다. 그런데 평소 다윗이 가서 노략질했던 종족들이 복수하여 성이 불타고 가족들은 모두 사로잡혀갔다. 그제야 다윗은 제정신이 들어 하나님께 기도해서 응답받은 후 가족들과 재산을 찾아오

기 위해 추격을 시작했다. 그런데 그때 다윗의 무리 가운데 문제가
생겼다.

600명 중 200명은 더는 걷지도 못할 정도로 지쳐 있었다. 작은
시내를 건널 힘도 없었다. 그때 다윗은 200명은 머물게 하고 400명
만 데리고 적을 추격했다. 이런 조치로 400명의 참전자가 남은 200
명에 대해 부정적인 생각을 할 소지가 있었다. 아무리 피곤하다고
해도 자기 가족들의 생사가 걸린 전쟁에 참전하지 못하느냐고 생각
할 만했다. 그러나 넓은 의미의 공동체를 생각할 때 자기 몸도 가누
지 못하는 200명은 전투할 때 오히려 짐이 될 수도 있었다. 이것이
바로 공동체를 염두에 둔 다윗의 판단이었다.

또 한 가지 다윗이 보여주었던 넓은 의미의 공동체 의식이 있다.
적군의 낙오병인 한 애굽 소년에게 호의를 베푼 것이다. 다윗은 그
불쌍한 소년에게 먹을 것을 주고 치료해주었다. 그런데 이렇게 베풀
어준 호의가 추격해야 할 아말렉 족속을 찾는 일에 큰 도움을 주었
다. 그 소년의 도움으로 다윗은 적을 쉽게 찾아서 제압할 수 있었다.
이렇게 관계없어 보이는 사람에게 호의를 베풀어주는 일도 넓은 의
미의 공동체 의식이라고 할 수 있다.

아말렉 족속을 추격한 다윗의 무리는 하나님의 도우심으로 큰
승리를 거두었다. 온 땅에 편만했다고 묘사될 정도로 적군이 많았는
데, 그 많던 적군 중에서 400명만 살아 돌아갔고 나머지는 모두 죽
었다. 큰 승리였다. 그런데 다윗의 무리 중 불량배들 몇 사람이 문제
였다. 함께 참전하지 않고 뒤에 머물러 쉬고 있던 200명의 동료를

만났을 때 그들의 악한 생각이 발동했다. 그들은 200명의 동료에게는 가족만 돌려주고 빼앗긴 물건이나 전리품은 나누어주지 말자고 제안했다.

합리적인 것처럼 보이지 않는가? 이 사람들의 제안은 능력에 따라 대우받는 사회로 변모한 우리 사회의 비정한 현실을 그대로 반영해준다. 그러나 이때 다윗은 분명하게 결정했다. 다윗은 남아 있던 200명에게도 가족뿐 아니라 빼앗긴 물건이나 전리품도 나누어주어야만 한다고 사람들을 설득했다. 그 이유는 간단했다.

첫째, 그 남아 있던 사람들도 한 '형제'였기 때문이다. 그들은 어제까지 전투를 함께했던 형제였다. 얼마나 탈진했으면 자기 가족들의 생사가 걸린 전투에 참여할 힘이 없었겠는가? 그러니 다윗은 그 전쟁에서 이긴 결과를 남아 있던 사람들과도 함께 나누어야 한다고 주장했다.

둘째, 하나님이 보호하셔서 수많은 적을 상대하는 전쟁을 하면서도 죽은 사람이 없었기 때문이다. 400명이 참전해서 400명이 살아 돌아온 일은 전적으로 하나님의 은혜가 아닌가? 사실 그들이 열심히 싸워서 승리한 것 같지만 하나님이 함께하셨기에 그들이 한 사람도 죽지 않고 400명 그대로 돌아올 수 있었다. 그 전쟁은 하나님이 이기게 해주셨다. 그러니 다윗은 전리품을 200명의 형제와도 나누어야 한다고 설득했다. 이 두 가지, 곧 형제 의식과 은혜 의식이 다윗이 보여주는 공동체 의식의 근거였다. 나의 '형제들'과 '하나님이 주신 것'을 함께 나누는 것은 지극히 당연하다는 논리였다.

21세기 능력 위주의 사회에서도 이런 공동체 의식은 꼭 필요하다. 많이 가진 자, 능력을 갖춘 자는 열심히 일한 만큼 벌어서 잘 산다. 그런 사람이 멋있어 보이고 부럽기도 하다. 그러나 능력 많고 가진 것 많은 사람이 다른 사람들보다 더 일하고도 자신에게 돌아올 것을 좀 덜 가진다면 그 사람이야말로 정말 멋진 사람이다.

여러 자본주의 국가들의 누진납세제도도 바로 이런 공동체 의식에 기반을 둔다고 볼 수 있고, 사실은 성경의 원리이다. 많이 가진 자가 못 가진 사람과 나누어서 균등하게 하는 원리이다(고후 8:14). 150+50=200인데, 그것을 둘로 나누어서 100씩 나눠 가진다는 원리이다. 우리의 일터나 세상의 현실을 생각하면 이상적이어서 좋기만 하다고 느낄 수 있지만, 이런 공동체 의식이 어떻게 가능할 수 있는지 다윗의 생각을 조금 더 깊이 살펴보면 이해할 수 있다.

공동체 의식을 주장하는 다윗의 생각은 참으로 놀라웠다. 전쟁에 참전하지 않은 200명의 동료에 대해 분노하며 가족들만 돌려주자고 하던 그 악한 사람들을 가리켜서도 다윗은 이렇게 부르고 있다. "나의 형제들아"(삼상 30:23). 그들은 악한 사람들이고 불량배들이라고 표현한다. 사실 다윗의 심정은 가족을 구하러 가는 전쟁에 참전하지도 못할 만큼 지쳐 뒤떨어져 있던 200명의 부하보다 크게 승리한 후 공동체의 팀워크와 승전 분위기를 깨뜨리는 그 탐욕적인 몇 사람이 더 못마땅했다. 그러나 다윗은 그들마저 형제라고 부르기를 주저하지 않았다. 다윗이 공동체에 속한 사람들을 형제라고 불렀던 일이 결코 빈말은 아니었다. 나의 사람들에게 약점이 있고 나쁜

점이 있으며, 심지어 공동체를 그르치려 해도 다윗은 그들을 품에 안았다. 이것이 참된 리더십이다. 아랫사람들을 절대 포기하지 않는 자세가 바로 멋진 리더가 가진 바람직한 공동체 의식이다.

사도 바울도 이런 경험을 했다. 교회를 핍박하고 예수님을 믿는 사람들을 잡아 죽이는 일을 하던 자신을 아나니아가 "형제 사울아" (행 9:17, 22:13)라고 불러준 일을 평생 기억하고 살았다. 바울은 구원 공동체 안에 들어온 놀라움과 함께 그 형제 사랑의 감격을 간직하며 살았다. 그래서 사도 바울은 자신도 형제들을 위해서는 어떤 희생도 감수하겠다고 결심했다(롬 9:1-3, 고전 8:13). 이스라엘 민족의 구원을 위해 자신이 저주받아 그리스도에게서 끊어져도 좋다고 말하고, 믿음이 연약한 형제를 실족하게 하지 않기 위해 평생 고기를 먹지 않겠다고 선언한다. 다윗에게 볼 수 있는 공동체 의식을 바울은 이렇게 표현했다.

다윗이 보여주었던 공동체의 평등원칙은 오늘날의 일터에서도 계승되어야 할 일터공동체의 멋진 유산이다. 이런 직장 안의 공동체 의식은 거창하고 커다란 일만 해야 드러나는 것은 아니다. 야근을 오랫동안 해야 하는 동료를 위해 함께 남아서 일을 도와주거나 동료들의 고민을 함께 나누며 덜어주고, 집안에 어려움이 있을 때 진심으로 걱정하며 따뜻한 정을 나누어보라. 이런 작은 실천을 통해서도 우리 일터에서 진정한 공동체 의식이 꽃필 수 있다.

일터선교사 다니엘의
영적 팀워크

        다니엘 2장에는 오늘 우리 시대 크리스천 직업인의 영적 팀워크에 대한 단서가 담겨 있다. 바벨론 왕궁에서 신입사원으로 업무를 시작한 다니엘과 세 친구는 꿈을 꾸고 해몽을 요구하는 느부갓네살왕이 제시한 사명을 완수해야 했다. 꿈의 해석만이 아니라 내용까지 알아야 하는 황당한 상황이었으나 그 일을 해내야만 했다.

    느부갓네살왕 앞에서 당돌하게 자기가 문제를 해결하겠다고 장담한 다니엘은 곧장 퇴근해서 그의 '집으로' 돌아갔다. 다니엘은 일터에서 풀지 못한 문제를 그가 살던 집으로 가지고 가서 해결하려고 했다. 회사에서 다하지 못한 일거리를 집으로 싸 들고 가서 가족들을 괴롭히려는 것이었던가? 아니다. 다니엘은 그의 친구들인 하나냐와 미사엘과 아사랴가 있는 집, 즉 기숙사로 돌아갔다.

    거기서 다니엘은 자신이 책임지게 된 일을 그의 기도 동지들 앞에 기도제목으로 내어놓았다. 그리고 합심하여 여호와 하나님께 기도했다. 하나님께 간절히 매달린 그들의 기도는 사생결단의 기도였다(단 2:18). 죽지 않도록 왕의 꿈에 대해 계시해달라고 기도했다.

    다니엘이 그랬던 것처럼 우리도 '집으로' 가는 일이 중요하다. 다니엘이 집으로 간 이유는 무엇인가? 그곳에 그의 기도 동지들이 있었기 때문이다. 주어진 사명, 목숨이 걸려 있는 중요한 문제를 함께 기도할 영적 동료들이 있는 곳이 집이었기에 다니엘은 집으로 갔다. 그러면 오늘 우리의 '집으로'는 어디인가? 일터문제를 함께 풀어내며 사명을 이루어나갈 직장선교회(기독신우회)가 아니겠는가? 우리도 일터문제를 함께 기도해줄 셀로, 구역으로, 속회로, 전도회로, 청년부로 가야 한다. 혼자 풀어낼 수 없는 문제를 함께 손잡고 풀어줄 남편과 아내가 있는, 그야말로 집으로 가도 좋다. 온 가족이 가정 예배를 드리며 세상에서 풀지 못한 그 문제를 함께 기도해줄 수 있다.

일터에서 풀리지 않는 문제를 기도로 풀 수 있다는 사실을 우리는 믿고 기도해야 한다. 〈한겨레〉 신문의 창간 멤버였던 박노성 장로가 제작국장 시절, 신문사가 전산제작을 막 시작했을 무렵에 겪은 일이다. 윤전기의 컴퓨터에 갑자기 이상이 생겼다. 신문이 한쪽은 시커멓게 한쪽은 하얗게 나왔다. 고장 난 이유를 아는 사람이 아무도 없으니 회사가 발칵 뒤집혔다. 사장님도 나오고 직원들도 나와서 지켜보았지만 대책이 없었다.

그런데 그때 갑자기 박노성 국장이 전산실로 들어가서 컴퓨터를 감싸 안고 큰소리로 기도하기 시작했다. 아무런 방법이 없으니 기도가 더욱 간절할 수밖에 없었다. 그 모습을 지켜본 직원들이 "박 국장이 완전히 돌아버렸구먼!"이라며 수군거리는 소리도 들렸다.

박 국장이 안수기도를 마치고 컴퓨터의 전원을 다시 켜니 신문이 언제 그랬느냐는 듯이 깨끗하게 나왔다. 부리나케 신문을 찍어서 당시 서부역으로 보냈는데, 지방판을 실어 보내는 열차가 막 떠나기 직전이었다. 그때 박 국장은 예수님을 안 믿는 직원들도 "할렐루야!"를 외치는 소리를 듣고 캐비닛 뒤에서 눈물의 감사기도를 드렸다. 쉽게 일어나기 힘든 일이지만 때로 하나님이 간절한 기도에 응답하시면 일터에서 이런 놀라운 기적도 일어난다.

다니엘과 그 친구들의 사생결단 기도에 응답하신 하나님은 밤에 환상을 통해 느부갓네살왕이 꾸었던 꿈을 다니엘에게 그대로 다시 보여주셨다. 멋진 우리 하나님은 '꿈을 찍는 사진사'가 아니시던가! 다니엘은 하나님이 보여주신 환상을 통해 느부갓네살의 꿈을 해석했다. 하나님은 느부갓네살의 꿈에 대한 해석을 통해 세계 역사의 흐름에 대한 비전을 보여주셨다.

느부갓네살왕은 자기가 밤에 혼자 꾸었던 꿈의 내용을 마치 함께 본 것처럼 이야기하고 해석하는 다니엘의 능력에 놀라움을 금치 못했다. 왕이 다니엘 앞에 엎드려 절했다고 한다(단 2:46). 세상에서 직업을 가지고 살아가며 느부갓네살왕처럼 다니엘과 같은 탁월한 능력을 갖춘 아랫사람을 만난다면 그야말로 복이 아닐 수 없다. 다니엘과 같은 직원이 있다면 안아주고 절이라도 하고 싶은 심정일 테다. 다니엘이 하나님께서 주신 능력을 갖추고 사생결단의 기도를 하며 사명을 완수하자, 이렇게 하나님을 믿지 않는 이방의 왕도 하나님을 찬양했다.

그 일이 있고 난 뒤 왕은 다니엘을 바벨론 온 나라를 다스리는 총리로 삼았다. 그때 다니엘이 느부갓네살왕에게 몇몇 인물들을 추천했다. 다니엘은 자기의 친구들인 하나냐와 미사엘, 아사랴를 중요한 자리에 천거했다. 왕이 허락했고, 세 친구는 지방의 고위관리가 되어 일했으며, 다니엘은 왕궁에서 총리의 일을 맡아 하게 되었다. 말 많은 사람들은 이런 일이 바로 '코드 인사'이고 '포상 인사'라고 비난할 수도 있다. 그런데 따지고 보면 느부갓네살왕의 신하들은 할 말이 없었다. 그들은 왕의 요구에 응하지 못해 모두 죽게 된 상황에서 신입사원 네 명으로 인해 겨우 목숨을 부지할 수 있었다. 그러니 그들은 낙하산 인사니 정실 인사니 따지기 전에 다니엘과 세 친구에게 머리 숙여 감사해야 할 형편이었다.

험한 세상의 비즈니스 현장에서 일하며 혼자서 버틸 수 있는 독불장군은 없다. 나와 마음이 통하고 비전이 같은 사람과 함께 교류하며 일해야 하고, 그래야 공동체의 비전을 성취할 수 있다. 다니엘과 세 친구는 힘을 합해 정치적 역량을 모았고, 결국 다니엘은 당시 세계 최대제국을 통해 하나님의 통치를 구현하는 역사를 이루었다. 그래서 유다 백성들의 귀환을 돕는 중요한 일에도 구체적으로 이바지할 수 있었다. 특히 페르시아제국의 고레스왕 원년까지는 다니엘이 정권에 확실한 영향력을 행사했다(단 1:21). 바로 그 해에 유다 백성들의 포로 귀환이 선포되었다. 고레스왕이 조서를 내려서 포로가 되었던 히브리인들은 유다로 돌아가라고 했는데, 바로 그 일에 다니엘이 간접적으로 많은 영향을 미쳤다는 이야기다(단 6:28). 일터선교사 다니엘의 '사람들', 그의 영적 팀워크가 이런 놀라운 일을 가능하게 했다.

일터현장에서 고군분투하며 일하다 보면 어렵고 힘든 문제가 생긴다. 문제가 있는 것이 문제가 아니라 문제를 문제로 인식하지 못하니 문제이다. 문제를 문제로 인식했다면 쉽게 풀리지 않는 문제를 하나님께 기도하면서 푸는 것도 문제 해결의 한 방법일 수 있음을 꼭 기억하자. 하나님을 모르는 사람들은 비웃을지 몰라도 언제까지나 그렇게 피식거릴 수 없도록 하나님의 능력을 그들에게 확실히 보여줄 수 있다. 하나님의 능력으로 가능하다. 혼자 그 힘든 일을 다 감당하지 않고 함께 합심해서 사생결단의 기도를 하는 영적 네트워킹을 통해 우리는 세상에서 하나님이 우리에게 부여하신 귀한 '사명'을 완수할 수 있다.

사람을 유산으로
남겨 계승하라

사도 바울은 일터에서 평생 동역자를 만나는 일의 중요한 사례를 보여준다. 바울은 순회전도를 하면서 장막 만드는 일을 했는데 브리스길라와 아굴라 부부를 고린도에서 만나 함께 장막 만드는 일로 동업했다(행 18:1-3). 이들은 바울과의 우정을 통해 평신도 선교사의 사명을 가지고 바울과 함께 귀한 사역을 감당했다. 바울이 그들을 후계자로 삼아 일터선교사의 사명을 계승했다는 점에서도 일터선교의 중요한 사례가 될 수 있다.

고린도에서 바울과 함께 일하다가 다음 선교지 에베소로 떠날 때였다. 아굴라 부부는 바울과 함께 에베소로 떠났다(행 18:18). 에베소에서는 자신들의 집을 교회로 제공하면서 사역했다(고전 16:19). 회당에서 담대하게 율법을 전하는 알렉산드리아 출신의 아볼로를 자기의 집(교회)으로 데리고 와서 양육하여 탁월한 기독교 변증가로 세우기도 했다(행 18:24-28). 아볼로의 탁월한 설교 능력을 생각하면 이일도 매우 효과적인 계승이 아닐 수 없다. 그리고 아마도 이 부부는 바울이 에베소를 떠난 후에도 에베소에서 가정교회를 섬기며 사역했던 것으로 보이고, 뒷날 로마에서도 사역했다(롬 16:3-5).

일터선교의 관점으로 바울의 선교를 살펴보면 바울은 비교적 넓은 지역을 이동하면서 선교했음을 알 수 있다. 바울은 소아시아와 유럽을 여러 차례 돌아다니며 중요한 거점지역에서 일하면서 선교했다. 또한 예루살렘에서 출발하여 시계 반대 방향으로 로마를 지나, 당시의 땅끝으로 인식되었던 스페인 지역을 지나, 아프리카 북부 해안을 거쳐 다시 예루살렘으로 돌아와 유대인들에게 복음을 전하면 세계를 향한 선교의 교두보가 확보되는 줄 믿고 있었다. 그래서 말년까지도 로마로 가려고 부단히 애썼다.

그런데 브리스길라와 아굴라 부부 같은 경우 이동하기는 했지만 그리 많은 지역을 돌아다니기보다는 고린도, 에베소, 로마 등 옮겨 가는 곳마다 일하면서 가정교회 운동의 지도자가 되어 사역했다. 이 부부도 자신들이 바울에게 양육 받고 일터선교를 계승했던 것처럼 후계자를 세워서 일터선교의 확산을 위해 노력했다. 오늘 우리도 이런 계승을 통해 하나님 나라를 세우는 비전과 소명을 후배들에게 전하기 위해 노력해야 한다. 특히 일터에서 일하면서 일의 열매인 사람의 유산을 남기는 일에 힘써야 한다.

스테판 헤렉 감독의 영화 〈홀랜드 오퍼스〉(Mr. Holland's Opus, 1996)에서 한 사람의 인생이 남겨 놓는 '작품'(opus)을 질문한다. 음악대학을 졸업한 글렌 홀랜드는 위대한 교향곡을 작곡해 이름을 날린다는 야심 찬 꿈을 꾸는 음악도였다. 아내와 결혼한 후 홀랜드는 자신의 꿈을 이루기 위해 한 고등학교의 음악교사가 된다. 4년 동안만 교사생활을 하다가 사직하고 이후에는 교향곡 작곡에만 전념하겠다는 생각이었다. 자신의 꿈을 이루기 위한 종잣돈을 마련하기 위해 한시적으로 교사의 일을 시작했다.

그러나 첫 출근을 한 홀랜드는 난감했다. 홀랜드가 지도할 교향악단과의 첫 연습은 불협화음만을 남긴 채 끝나고, 첫 음악수업은 학생들과 한마디의 대화도 없이 끝나버렸다. 결국 고민하던 홀랜드는 당시 금기였던 로큰롤을 통해 흥미를 유발하며 학생들을 설득했다. 결국 4년간만 교사로 일하자던 홀랜드 선생님은 젊은 날을 다 바쳐 음악교사로 일하게 되었다.

우리가 인생을 살다 보면 내 생각과는 다른 방향으로 내몰리는 때가 더러 있다. 꿈을 가지고 나아가려 하지만 그리 여의치 못할 때가 있다. 홀랜드 선생처럼 억지로 일하게 되는 경우가 있다. 사실 직장생활을 하는 많은 사람은 자신이 원하는 일을 하는 경우가 그리 많지 않다. 한 회사에 입사해도 자기 적성과 재능보다는 '빈자리'에 배치받아 일하게 되는 경우가 꽤 많다.

그렇게 원치 않던 교사의 일을 시작한 글렌 홀랜드 선생님의 나이도 어느새 60세가 되어 30년간이나 아이들을 가르쳤다. 자신이 학교를 떠나면 예산 문제로 인해 음악수업 자체가 폐지되는 것이 안타까워 백방으로 애써 보았으나 수포였다. 그래서 퇴직하는 날 마음이 울적했는데 강당에서 이상한 소리가 들려왔다. 강당으로 가 보니 재학생과 졸업생들이 모여 홀랜드 선생님의 퇴임식을 준비해 놓고 있었다. 앞에 현수막이 붙어 있다.

"굿바이, 미스터 홀랜드."

전에 어렵게 클라리넷을 가르치며 열등감에서 벗어날 수 있게 도와주었던 여학생 거츄르드 랭이 주지사가 되어 와서 홀랜드 선생님의 퇴임식 축사를 했다. 랭 주지사는 이렇게 말했다.

"선생님은 교향곡 작곡을 통해서 유명해지고 싶으셨습니다. 그러나 선생님은 우리들에게나 유명하실 뿐입니다. 그러나 선생님, 우리가 바로 선생님의 교향곡입니다. 우리가 선생님이 쓰신 작품의 음표입니다. 선생님은 우리를 작곡하셨어요. 글렌 홀랜드 선생님, 주위를 돌아보세요. 모두 다 선생님께 영향을 받은 제자들입니다. 선생님 덕분에 모두 훌륭히 성장했지요. 이젠 선생님께 돌려드려야 할 때입니다. 지휘봉을 잡아주시겠습니까? 선생님이 작곡하신 〈아메리칸 심포니〉를 직접 지휘해주시겠습니까?"

홀랜드는 평생 교향곡을 한 곡 작곡했는데 정식 작곡가가 아니라 초연도 하지 못했다. 그래서 제자들이 몰래 선생님의 퇴임식을 준비하며 연습해서 초연을 선물하려 했다. 홀랜드 선생님은 30년 동안이나 가르친 그의 제자들로 구성된 교향악단을 지휘한다. 그렇게 영화는 감동적으로 끝난다. 제목대로 〈홀랜드 오퍼스〉는 홀랜드 선생님의 오퍼스(opus), 즉 '작품'이 무엇인가 질문한다. 그의 작품은 성공을 꿈꾸며 단 한 곡 작곡했던 교향곡이 아니다. 억지로 했던 교사 일이었지만 평생을 바쳐 가르친 제자들이다.

우리도 우리의 인생에서 영원히 남길 것은 바로 사람이다. 사람을 남기는 일이 우리의 구체적인 '인생 소명'이다. 우리의 비전 성취가 사람과 연결되어야 한다. 우리가 만드는 제품과 서비스를 통해 사람을 복되게 하고 섬긴다는 마음을 가지고 일할 때 우리는 우리의 소명을 다할 수 있다. 이 영화는 한 사람의 인생에서 진정한 성공은 자신의 인생 작품을 제대로 남기는 일이라고 지적한다. 우리 역시 우리의 일터에서 사람을 남겨야 한다. 우리가 유산으로 남기는 사람이 우리가 진정 하나님 나라의 중재자임을 입증해준다.

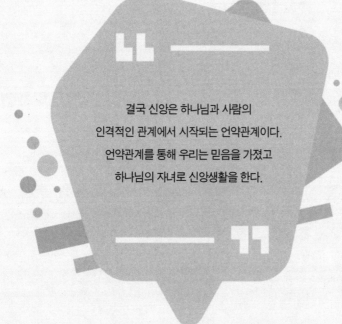

결국 신앙은 하나님과 사람의
인격적인 관계에서 시작되는 언약관계이다.
언약관계를 통해 우리는 믿음을 가졌고
하나님의 자녀로 신앙생활을 한다.

온 지면에 기근이 있으매 요셉이 모든 창고를 열고
애굽 백성에게 팔새 애굽 땅에 기근이 심하며 각국 백성도
양식을 사려고 애굽으로 들어와 요셉에게 이르렀으니
기근이 온 세상에 심함이었더라. 창 41:56-57

PART 5

세상을
복되게 하는
리더

크리스천 리더의
남다른 품격을 뽐내고

한 리더십 세미나에서 강사가 질문했다.

"'리더'라고 생각하는 사람은 손들어 보십시오."

그랬더니 몇몇 사람이 손을 들었다. 그러자 강사가 "리더란 따르는 사람이 있는 사람을 가리킵니다. 누구라도 따르는 사람이 있는 리더는 손들어 보십시오"라고 주문했다. 그러자 모든 사람이 손을 들었다고 한다. 결국 사람들은 대부분 리더일 수밖에 없다. 현재 리더가 아니라도 곧 리더가 된다.

세상에서 말하는 리더십은 보통 권위, 지위, 연륜 등에 근거한다. 하지만 호주의 오스왈드 샌더스 목사가 처음으로 '리더십은 영향력'이라고 말한 후, 오늘날 '영향력'을 리더십의 중요한 요인으로 정의하는 경우가 많다. 예수님이 친히 가르쳐주신 '섬기는 리더십'도 권력이나 힘이 아닌 '영향력'을 강조하는 리더십이다. '리더십의 부재'라고 진단하는 우리 사회의 안타까운 현실을 크리스천다운 리더십으로 타개할 수 있다.

누구나 리더이다,
리더여야 한다!

리더십에 선천적인 요인이 있다. 그러나 훈련 없이 선천적인 리더십을 발휘할 수 있는 사람은 없다. 따라서 타고난 지도자는 있을 수 없다. 흔히 리더십에 대해 오해하는 점이 바로 리더십은 군림하고 지배하는 힘이라고 생각하는 것이다. 그러나 획일적 리더십이란 없다. 리더십은 누구에게나 있고 각기 다른 유형이 있을 뿐이다. 나에게 적합한 리더십을 찾아볼 수 있다.

주저하지 않으며 결단력이 강하고 압도하는 힘을 가진, 가장 전통적 유형인 카리스마형 리더십이 있다. 추종자를 압도하는 능력이 있고 탁월한 언변으로 무리를 장악하는 힘을 가지고 있다. 그러나 융통성이 부족하고 목적을 위해 수단과 방법을 희생하는 경우가 잦은 단점도 있다.

마치 오케스트라의 지휘자가 모든 악기에 대해 다 알아야 지휘할 수 있는 것처럼 다양한 영역에서 탁월한 능력을 갖춘 지휘자형 리더십도 있다. 이들은 최신 정보와 지식을 가지고 조직을 이끌며, 일을 제대로 추진할 능력이 있어 체계적이고 업적을 남기곤 한다.

그러나 전문분야 외에는 지도적 역할 수행이 힘든 단점도 있다.

그룹의 토론과 결정에 따라 정책을 결정하면서 마치 코치와 같이 솔선수범하며 함께 뛰는 유형으로 코치형 리더십이 있다. 마치 아버지와 같이 그룹 개개인의 일에 관심을 가진다. 그러나 지도자에 대한 권위가 무너질 때는 걷잡을 수 없는 리더십의 약화를 초래할 수 있다.

상담하듯이 격려하면서 문제를 함께 해결하는 유형의 상담가형 리더십도 있다. 상처 입은 공동체일 때 매우 효과를 발휘할 수 있는 리더십 유형이지만 소수에 관심을 가지다 보니 전체적 시야를 잃을 때는 통솔이 어려워질 수 있다.

매우 어려워서 거의 예술이라고 표현하는 '위임'을 통해 사람을 세워가는 유형으로 위임형 리더십이 있다. 일정 분량의 책임을 떼어 주는 민주적인 리더십 유형이기도 하다. 위임받은 사람은 독립적인 리더십을 발휘할 수 있고, 책임까지 질 수 있어야 한다. 신뢰관계를 형성하며 팀워크를 이루기만 하면 좋으나 위임받은 사람들이 제대로 리더십을 발휘하지 못할 때 혼란이 야기되는 단점도 있다.

이런 리더십의 유형 중에서 어떤 리더십을 갖는 것이 좋을지 선택하는 것보다 더 중요한 일이 있다. 어떻게 보면 리더십 유형은 많은 부분에 있어서 타고난다고 볼 수 있다. 성격을 고치기 힘든 것처럼 리더십 스타일도 그 사람의 고유한 영역일 가능성이 크다. 따라서 자기 마음에 들거나 조직을 통솔하는 데 필요한 리더십 유형을 추구하는 것보다 더 중요한 일이 있다. 자신의 리더십 유형을 파악한 후 자신의 리더십을 빛내줄 품격, 즉 그 리더십에 합당한 성품을 배우고 익히는 일이 더욱 중요하다.

희망을 주며 남다른 일 처리로
뽐낸 리더 느헤미야

　　미국의 남북전쟁 막바지에 전세가 남군 쪽으로 기울고 북군은 패전의 두려움에 빠져 있을 때였다. 이때 무기력한 병사들의 사기를 불러일으켜 결국 전쟁을 승리로 이끈 지도자가 한 사람 있었는데, 그는 조지 맥클레안 장군이었다. 링컨 대통령이 맥클레안 장군의 리더십을 알아보고 그에게 여건을 마련해주었다. 맥클레안이 전장인 버지니아로 갔을 때 북군 병사들은 존경하는 장군을 만나자 큰 용기를 얻었다. 당시 맥클레안 장군이 북군 병사들에게 보여준 리더십은 탁월한 능력이거나 경험이 아니었다. 어려운 상황을 이기고 승리할 수 있다는 용기와 비전을 장병들에게 심어주었다.

　　페르시아제국의 고위관리였던 느헤미야에게서 우리가 그런 리더십을 확인할 수 있다. 예루살렘 성벽이 무너진 조국의 현실이 가슴 아파 예루살렘 총독으로 스스로 좌천의 길을 선택한 사람이 느헤미야였다. 예루살렘 성에 도착한 느헤미야는 며칠 침묵하면서 두문불출했다(느 2:11). 그때 느헤미야는 아마 하나님께 기도하면서 예루살렘의 실제 상황을 파악하기 위해 여러 사람을 만났을 듯하다. 사실 느헤미야가 페르시아 중앙정부에서 관리로 지내며 얻은 행정 능력은 탁월했겠지만 지방의 총독으로 부임하여 예루살렘 성벽을 재건하려는 새로운 일 앞에서는 겸손해야 했다. 말로만 듣던 상황이고 전혀 생소하기에 사태를 제대로 파악할 필요가 있었다.

하나님이 마음에 감동을 주시자 느헤미야는 상황을 파악하기 위해서 직접 나섰다. 사람들에게 알릴 필요가 없어서인지 밤에 최측근 부하들 몇 사람과 함께 친히 나서서 예루살렘 성벽의 상황을 살폈다. 말을 타고 가다가 말이 갈 수 없는 곳은 직접 걸어서 샅샅이 조사하는 솔선수범의 자세를 보여주었다. 리더가 철저히 업무를 파악하는 일이 무엇보다 중요하기 때문이다.

특히 조직 안에서 새로운 일을 맡거나 공동체를 이끌게 되었을 때 리더는 제대로 상황 파악을 해야 한다. 공동체가 처한 상황과 문제의 원인을 정확히 파악하려고 노력해야 그 공동체가 앞으로 어떤 방향으로 나아가면 좋은지 안목이 생긴다. 이런 안목이 누구보다도 리더에게 필요한데 이 안목은 발로 뛰고 솔선수범하는 노력으로 얻어진다고 봐도 좋다. 노력하는 리더에게 하나님께서 지혜와 혜안을 주신다.

사태를 정확히 파악한 느헤미야는 예루살렘의 유대인들에게 철저히 파괴된 성벽과 성문의 현황에 관해 이야기하면서 도시를 재건축하기 위한 계획을 발표하였다. 백성들은 느헤미야가 하나님의 도우심과 아닥사스다왕의 도움을 자세히 이야기하는 모습을 보았다. 예루살렘 성벽과 성문이 얼마나 파손되었는지 상황을 구체적으로 파악하고 있는 모습을 보고 안심했다(느 2:17-18). 오늘날에도 사람들은 이런 멋진 리더에게 감동한다.

느헤미야는 하나님의 백성이 사는 유다 왕국의 수도인 예루살렘 성의 성벽이 무너졌고, 성문이 불타버렸으니 수치를 당하지 않기 위해서 예루살렘 성을 복원하는 공사를 해야 한다고 강조했다. 느헤미야가 하는 말은 구호와도 비슷하다는 느낌이 든다. "자, 예루살렘 성을 건축하여 다시 수치를 당하지 말자"(느 2:17).

이렇게 분명한 확신을 백성들에게 주었을 때 그들은 고무되었다. "일어나 건축하자"(느 2:18). 분명한 비전을 청사진에 담아 제시할 때 사람들은 따라갈 용기를 얻는다. 당시 예루살렘 성에 사는 유다 백성은 패배주의에 빠져 낙담하고 있었다. 성벽이 무너졌고, 그런 상황을 통해서 유익을 얻는 이웃 지역의 총독과 관리들의 집요한 방해도 있었기에 어떻게 그 사태를 수습해야 할지 알지 못했다. 그런 상황에서 예루살렘 사람들에게는 분명한 비전과 선명한 청사진이 필요했다. 느헤미야가 바로 그런 역할을 해주는 리더였다.

그러나 새로운 일을 하려고 할 때 반대파가 없는 경우는 거의 없다. 아닥사스다왕에 대한 반역이라며 성벽 건축을 반대하는 사람들이 있었다. 호론 사람 산발랏과 암몬 사람 도비야와 아라비아 사람 게셈이었는데, 그들이 느헤미야가 하려는 일을 비웃었다. 그리고 왕에 대한 반역을 꾀한다고 몰아붙였다.

그러나 이에 대해 느헤미야는 하나님에 대한 확신에 근거해 간단하게 일축하며 아예 상대하지 않았다. 앞으로도 반대가 지속되겠지만 느헤미야는 시종일관 이런 단호한 태도를 유지했다. 간혹 반대파와 맞서 싸우느라 힘을 소진하여 실제로 일하지 못하는 경우가 있는데, 느헤미야가 보여주는 반대파를 다루는 방법은 매우 지혜로웠다. 우리도 이런 지혜를 배우도록 노력해야 한다. 반대파에 대해 마음이 흔들리면 이미 지고 말게 되기 때문이다.

느헤미야가 반대파를 대하는 또 한 가지 방법은 내부에서 콧대 높은 사람들을 대하는 자세에서 확인할 수 있다. 드고아에 사는 귀족들은 성벽 재건사업에 참여하지 않았다. 이런 어려움이 왜 생겼는가 하면 느헤미야가 예루살렘 성벽을 건축할 때 위임의 리더십을 발휘하는 과정에서 불거져 나왔다. 느헤미야 3장에서 수십 차례나 반복되는 구절은 '그다음은'이다. 각계각층의 사람들이 이 일을 위해 동원되었다. 장사하는 사람, 제사장, 공무원, 종 등으로 한 주석가는 이 건축에 45개의 집단이 관련되어 있다고 말한다. 이들 모두가 각자 성벽의 맡은 부분을 책임지고 함께 힘을 모아 일했다는 점이 중요하다.

그런데 일을 위임했다고 해서 무턱대고 획일적으로 나눈 것은 아니었다. 가장 효과적인 배치를 볼 수 있다. 자기 집 가까운 곳을 구역으로 할당받아 건축하는 경우가 많았다(느 3:23). 이렇게 가장 효율적으로 일할 수 있도록 사람들을 배치한 느헤미야의 위임 리더십을 볼 수 있다.

그런 가운데 드고아에 사는 귀족들은 성벽 재건사업에 참여하지 않겠다고 고집을 부렸다. 이렇게 반대하는 사람들에 대해서는 어떻게 해야 하는가? 그들에 대해서 느헤미야는 아무런 말도 하지 않았다. 그들을 달래거나 사정해서 함께 일할 수도 있었지만 느헤미야는 그러지 않았다. 왜냐하면 이미 분명하게 하나님의 뜻과 성벽 재건의 분명한 청사진을 제시했기에 협력하지 않는 사람들이 있어도 하나님의 역사는 진행되기 때문이다. 그러니 결국 느헤미야는 하나님의 일에 참여하지 않는 사람만 손해라는 메시지를 그들에게 전했다고 볼 수 있다.

무너져버린 세계무역센터 빌딩이 생기기 전까지 세계에서 가장 높았던 엠파이어스테이트 빌딩의 건축에 얽힌 이야기가 있다. 그 빌딩은 심각했던 미국의 경제공황 시절 J. 라스코라는 사업가가 증권에서 번 돈을 가지고 많은 실업자를 고용하여 공사했던 빌딩이다. 당시 사람들은 라스코를 미쳤다고 비난했지만 그는 1929년에 시작해 1931년에 102층이나 되는 당시 세계에서 가장 높은 빌딩을 완공했다. 미국 경제와 세계 경제가 경제공황이라는 소용돌이에 빠져 있을 때 좌절한 사람들에게 희망의 일자리를 주고 거대한 역사를 이루어냈다. 이것을 남다른 리더십이라고 말할 수 있다. 희망이 없어 보이는 곳에서 희망을 일구기 위해 비전을 제시하는 리더십이 바로 오늘 우리 시대에 필요하다.

일터를 장악하여
뽐낸 리더 다니엘

직장인들이 토로하는 직장생활의 어려움에 더하여 우리 크리스천들은 세상 속에서 남다른 어려움을 겪기도 한다. 믿지 않는 사람들은 전혀 고민하지 않는 문제도 크리스천이기에 예민하게 문제의식을 느끼기도 한다. 우리는 이방 강대국의 궁궐에서 오랫동안 정치인으로 일했던 다니엘을 통해서도 리더십의 멋진 캐릭터를 발견할 수 있다.

첫째, 다니엘은 그의 업무에 있어서 남다른 탁월함으로 한껏 뽐냈다. 메데 바사 왕국을 세운 다리오왕은 넓은 영토를 120개의 도로 나누고, 각 도에 고관들을 두어 다스리게 하고는, 총리 셋을 두어서 그들이 맡은 고관들을 관할하는 정치형태를 유지했다. 그런데 다리오왕은 한 총리를 수석총리로 삼아 행정부의 수반 역할을 하게 하려고 생각했고, 그 인물로 다니엘을 낙점하고 있었다(단 6:1-3).

그러나 왕이 다니엘을 수석총리로 삼기 힘든 요인들이 몇 가지 있었다. 일단 다니엘은 망한 바벨론 왕국에서 오랜 기간 총리로 재직했던 사람이다. 또한 본토인인 갈대아 사람이 아니라 변방의 속국 유다 왕국 출신이라는 점도 제약이었다. 또한 나이도 여든 살이 넘어서 신생 왕국의 수석총리로 삼는 일이 그리 쉽지 않았다.

그런데도 다니엘은 그의 직업적 능력이 전혀 녹슬지 않았음을 확인할 수 있다. 다니엘은 "마음이 민첩하여 총리들과 고관들 위에 뛰어"났다고 한다. 이것은 탁월한 직업적 능력을 묘사하는 표현이 분명하다. 다니엘은 왕에게 손해가 없도록 권력의 누수나 국고의 유출을 막는 총리 본연의 임무에 충실했다(단 6:2-3). 우리는 일터에서 무엇보다 업무능력으로 인정받아야 한다. 80세가 넘어서도 인정받은 다니엘을 보고 우리에게 부족한 영역이 어떤 부분인지 파악하여 업무능력의 향상을 모색할 수 있어야 한다.

둘째, 다니엘은 윤리적으로 책잡히지 않고 충성을 다하는 정직함으로 뽐냈다. 본토인을 배제하고 이방인 출신의 총리를 수석총리로 앉히려는 다리오왕의 인사계획에 반발한 두 총리와 고관들은 다니엘이 수석총리로 임명받지 못하도록 백방으로 노력했다. 그러나 아무런 부정의 근거나 고소의 빌미를 찾을 수 없었다(단 6:4-5). 아마도 다니엘의 정적들은 이전 정권시절 다니엘이 일했던 그 긴 기간의 자료들도 샅샅이 뒤지며 다니엘의 죄를 찾아내려고 했을 것이다.

그런데도 당시의 법으로 어떤 허물도 찾지 못할 정도로 완벽하게 깨끗했던 다니엘의 삶은 참으로 대단하다. 우리나라의 고위 정치인들이 임명받기 위해 청문회를 하면 별문제 없이 임명받는 사람이 있던가? 고위 공무원이 되려는 사람들만이 아니라 직장생활을 해본 사람들은 잘 안다. 털면 먼지 나지 않을 사람이 없다. 그런데 다니엘은 그 오랜 정치경력 중에 숱한 정책을 입안해 시행하고 수많은 재정을 집행했을 텐데 술수에 능한 정적들에게 책잡히지 않을 정도로 깨끗했다. 이 남다른 정직함을 드러내놓고 뽐낼 만하지 않은가?

셋째, 모함하고 아첨하는 동료들과 구별되어 뽐냈다. 다니엘의 업무수행이나 윤리적인 측면에서 허물을 찾지 못한 정적들은 다니엘의 개인적인 생활을 책잡으려고 하였다. 그들이 "그 하나님의 율법에서 근거를 찾지 못하면 그를 고발할 수 없으리라"(단 6:5)고 한 말은 거의 탄식에 가까웠다. 더구나 당시의 현행법으로는 다니엘이 하루에 세 번 기도하는 행동을 문제 삼을 수 없었다. 그래서 아예 법을 새로 만들어서 다니엘을 함정에 빠뜨리려고 하였다.

다니엘은 업무에서 탁월하고 윤리적으로 책잡을 것이 없어서 모함하는 동료들과는 확연하게 구분되는 정직한 삶을 살았다. 우리도 당장은 어려움을 당할지 모르지만 능력으로 일터를 장악하는 사람이 될 수 있어야 한다. 나이가 들어도 영력이나 능력이 쇠락하지 않았고, 나이 든 것이 오히려 경륜으로 인정받았던 다니엘을 본받고 그의 윤리적인 탁월성도 배울 수 있도록 노력해야 한다.

바벨론의 느부갓네살왕 때에도 하나님의 영광을 드러내며 왕에게 인정받았던(단 2장) 다니엘은 메대 바사 제국의 다리오왕에게도 인정받아 놀라운 성취를 보여주었다(단 6장). 지위가 높은 것만이 능사가 아니라 영향력을 행사해야 진정한 리더이다. 우리 크리스천들이 일터에서 인정받아 진정한 리더가 된다면, 과연 어떤 일이 벌어질까 궁금하지 않은가? 신흥제국 메대 바사의 실질적 리더인 총리로 낙점되었던 다니엘이 사자 굴에서 살아 나온 후 그의 일터에서 어떤 놀라운 사건들이 일어나는지 살펴보면 남다르게 뽐내는 리더십의 결과를 확인할 수 있다.

첫째, 세상에서 인정받으면 기적이 일어난다. 다리오왕은 다니엘을 살리기 위해서 백방으로 노력하다가 국법을 어길 수 없어서 어쩔 수 없이 사자 굴에 넣었지만 그 후에도 다니엘이 죽지 않고 살기를 바랐다. 그 기대대로 다니엘이 사자 굴에서 살아나왔는데 아마도 가장 기뻐한 사람은 바로 다리오왕이었다.

다니엘서 기자는 이런 놀라운 기적이 일어났던 이유에 대해서 분명하게 알려준다. 다니엘이 자기의 하나님을 믿었기 때문이었다(단 6:23). 이 기록은 너무도 명백하게 다니엘에게 일어난 기적의 원인을 설명해준다. 다니엘은 비록 협잡과 모함이 난무하는 일터에서 숱한 정적들에게 포위되어 숨이 막힐 지경이었지만 하나님을 신뢰했을 때 놀라운 이적을 체험했다. 오늘 우리가 사는 세상에서 기적이 일어나지 않는 이유는 우리가 가진 문제들을 하나님께 전적으로 의뢰하지 않기 때문임을 알 수 있다. 일터에서 벌어지는 모든 문제를 하나님께 아뢰고 모두 맡길 수 있어야 한다. 이것이 진정한 믿음이다.

둘째, 세상에서 인정받으면 공의가 실현되고 신임을 얻는다. 하나님을 의뢰한 다니엘이 살아났을 때 두 가지 고무적인 결과가 있었다. 우선 하나님의 공의가 실현되었다. 다리오왕은 다니엘을 모함하던 총리와 고관들을 끌어오게 하여 그 처자들과 함께 사자 굴에 던져 넣었다. 사필귀정이었다.

왕이 다니엘을 참소한 사람들을 처형한 일은 다니엘을 얼마나 신임했는지 알려준다. 다니엘을 참소하다가 처형된 자들은 바벨론의 핵심적 정치인들이었다. 다니엘을 모함하던 자들은 "총리들과 고관들"(단 6:4)이라고 하였는데, 그들 모두가 처형되지는 않았겠지만 적어도 총리 두 사람과 주동자 격이었던 고관들 몇 사람은 처형되었다. 나라 정치인의 3분의 2가 죽거나 실각했다. 행정과 국방을 동시에 책임지고 있는 고대사회의 정치 상황을 생각해보면 다니엘의 정적들의 처형은 국가적 위기를 초래하는 엄청난 사건이었다. 그래서 이 표현을 실제 일어난 일의 기록이 아니라 하나님의 영광이 이방 나라에서 분명하게 드러났다는 사실을 찬양하는 문학적인 표현이라고 보는 신학자들도 있다. 물론 나는 그 견해에 동의하지 않고 실제 일어난 사건이라고 믿는다.

이해하기 힘들 만한 결단을 내렸던 다리오왕의 두 가지 포석이 있었다. 다리오왕의 측면에서 보면 어차피 신하들 간에 당파 싸움이 일어났는데, 두 세력의 화해가 불가능하다면 한쪽을 포기해야 하는 상황이었다. 그때 다리오왕은 다수파이자 본토인인 갈대아 출신 총리들을 포기하고 소수파이자 이방인인 다니엘을 선택했다.

또 하나는 이렇게 많은 고위관리를 한꺼번에 처형하고 실각시키더라도 내정과 국방의 공백을 다니엘이 충분히 메울 줄 믿어 의심치 않았다. 다니엘의 인적 인프라와 대제국을 오랫동안 경영했던 경륜을 다리오왕이 신임했기 때문에 이런 처형을 할 수 있었다. 대단한 신뢰가 아닌가?

셋째, 세상에서 인정받으면 하나님의 영광이 공식적으로 선포된다. 다니엘이 사자 굴에서 살아 나온 사건은 정말 놀라운 결과를 가져왔다. 그중 중요한 한 가지는 하나님의 영광이 공식적으로 선포되는 일이었다. 메대 바사 제국의 120개 도에 다리오왕은 다음과 같이 조서를 내렸다. "내가 이제 조서를 내리노라. 내 나라 관할 아래에 있는 사람들은 다 다니엘의 하나님 앞에서 떨며 두려워할지니, 그는 살아 계시는 하나님이시요 영원히 변하지 않으실 이시며, 그의 나라는 멸망하지 아니할 것이요 그의 권세는 무궁할 것이며, 그는 구원도 하시며 건져내기도 하시며, 하늘에서든지 땅에서든지 이적과 기사를 행하시는 이로서, 다니엘을 구원하여 사자의 입에서 벗어나게 하셨음이라"(단 6:26-27).

또한 다니엘은 나이가 많이 들었음에도 다리오왕의 시대뿐만 아니라 고레스왕이 바사 제국을 건국하여 통치할 때도 영향력을 행사했다(단 6:28). 다니엘은 직업적인 능력뿐만 아니라 영적인 안목과 기도를 통해 유다 백성들의 해방과 귀환을 알아내는 역할도 해냈다(단 9장). 그래서 아마도 고레스왕 원년에 고레스가 유다 백성들에게 고향으로 돌아가라고 명하는 해방 선언에도 다니엘이 크게 이바지했을 것이다.

우리 크리스천 직업인들이 비즈니스 현장에서 바로 서면 하나님의 영광이 공식적으로 선포되고, 합법적인 방법을 통해서 하나님의 백성들이 유익을 얻는다. 우리도 이렇게 세상에서 인정받아 일터를 변화시키는 주역이 되도록 노력해야 한다.

C·H·A·P·T·E·R·02

목표인가, 사람인가?
목사 공감!

"

우리가 드러내 놓고 자주 말하지는 않더라도 수시로 불거지는 갈등이 있다. '목표와 사람' 사이에서 곤란한 경우이다. 일터에서 일할 때도 성과 달성을 위해서 애쓰다 보면 목표 달성을 하더라도 사람이 다쳐서 문제가 되기 쉽다. 우리 아이들이 공부할 때도 목표를 세워서 애쓰고 모든 자원을 다 투입해도, 정작 아이가 힘들어서 공부를 감당하지 못하면 목표를 달성하기 어렵다. 억지로 하고 싶어 하니 문제가 발생한다. 가정에서 집을 장만한다고 할 때도 마찬가지다. 목표를 세워서 돈을 저축하고 아껴서 집을 한 채 마련했다고 해도 그 과정에서 가족들이 사람 사는 것이 아닌 삶을 살아야 했다면 목표 달성이 무슨 의미가 있겠는가? 목표와 사람 사이에서 우리는 고민하게 된다.

성경 속에도 종종 이 문제가 제기되곤 한다. 바울과 바나바가 제

1차 선교여행을 마치고 제2차 선교여행을 떠나려 할 때 한 가지 문제로 갈등했다. 마가를 데리고 가느냐 마느냐 하는 문제였다. 제1차 선교여행 때 함께 출발했던 마가가 도중에 돌아와 버렸기 때문이다. 그래서 이 문제로 바울과 바나바가 다투었다. 목표 달성을 위해서는 마가를 데리고 가면 안 된다는 바울의 입장과 한 번 더 기회를 주자며 사람을 생각했던 바나바의 입장이 부딪쳤다. 바울은 일 중심의 프로세스형 리더였고 바나바는 대표적인 사람 중심의 피플형 리더였다. 이 두 사람은 결국 더 이상 마찰을 피하고 각자의 선교팀을 구성해서 선교를 떠나는 차선책으로 갈등을 미봉했다. 목표와 사람 사이의 갈등이 쉽지 않은 것을 알 수 있다.

압살롬의 반역사건이 압살롬의 죽음으로 끝나면서도 이 갈등이 새삼 문제가 되었다. 다윗왕 측의 군대장관인 요압이 지휘한 전투에서 승리했다. 전쟁의 목표는 예외 없이 승리하는 것이다. 그런데 이 전쟁에 대해서 다윗왕이 가졌던 생각이 복잡한 문제를 남겼다. 반역한 왕자 압살롬을 죽이지는 말라는 개인적인 부탁을 했다. 다윗은 전쟁에도 이겨서 계속 왕위를 유지하고 싶었고, 또한 반역한 아들도 살리고 싶었다. 그래서 이런 까다로운 조건을 붙였다.

하지만 요압 장군은 그 사실을 알고 있으면서도 사람을 살리고 목표를 이루기는 불가능함을 간파했다. 왕의 아들이라고 해도 반역자를 살려두면 후환이 되고 더 복잡한 상황을 만들 것이라고 보았다. 사람을 생각하는 것도 좋지만 목표를 이루는 것이 우선이라는 생각이었다. 요압 장군은 사람보다는 목표를 먼저 생각하는 사람이었기에 왕의 반역한 아들을 죽여 후환을 없앴다. 또한 왕의 마음에 대해도 관심이 없어서 반역한 아들의 죽음으로 슬픔에 빠진 다윗왕을 압박하며 항의하기도 했다.

이 사건의 배경 속에도 이렇게 목표와 사람 사이의 여러 관계가 이미 드러나 있다. 여기서 우리는 요압 장군과 승리 소식을 알리는 전령 역할을 했던 아히마아스, 그리고 다윗왕을 통해서 목표와 사람 사이의 문제를 살펴보며 진정한 리더십이 무엇인지 생각해볼 수 있다.

목표를 이루고 성과를 달성하기 위해
노력한 사람들

압살롬의 반역이 일어나자 다윗의 사람들은 급박한 상황에서 마음과 힘을 합해 목표를 이루기 위해 노력했다. 상황이 좋지 않았다. 아히도벨이라는 탁월한 모사가 압살롬의 편이 되어 다윗왕을 위협했다. 아히도벨의 조언은 전략적이었고 압살롬에게 유리한 조언이었다. 또 한 사람의 모사가 있었는데 다윗왕이 몽진을 떠나면서 궁궐에 남아 있게 한 그의 친구 후새였다.

후새를 위장 전향하게 해서 첩자로 심어 놓으면서 다윗왕은 지침을 주었다. 또한 다윗왕은 제사장 사독과 아비아달이 언약궤를 메고 몽진 행렬에 가담한 것을 보고 그들을 도로 돌려보냈다. 그리고 아히도벨의 모략을 패하게 하려고 사독과 아비아달 두 제사장의 두 아들을 전령으로 삼았다. 제사장의 아들들은 각각 아히마아스와 요나단이었다. 궁궐 안과 밖의 소식을 전하는 전령의 역할을 그들에게 맡겼다.

아히도벨은 몽진을 떠난 다윗왕을 급하게 뒤따라가서 사로잡고 백성들과의 전쟁을 피하면 무혈혁명이 가능하다는 전략을 제시했다. 이때 두 전령인 아히마아스와 요나단이 중요한 역할을 해냈다. 후새가 다윗왕에게 그들을 보내 밤에 강을 건너서 압살롬 군대의 기습을 피하라고 알렸다. 그들은 하마터면 잡혀서 죽을 뻔한 위기를 극복하며 전령의 역할을 다했다.

그렇게 사람들이 힘을 합해 성과를 내기 위해 노력했다. 다윗의 사람들은 압살롬을 따르는 군대와 전쟁할 때도 힘을 합해 결국 승리했다. 그 과정에서 일부 부작용이 있었지만 그들이 계획한 목표는 이렇게 잘 달성했다. 압살롬은 죽었고, 그를 따르던 군대는 궤멸되었다.

그런데 이제 문제는 무엇인가? 전쟁에서 승리하긴 했는데 왕의 부탁과 명령을 어기고 압살롬을 죽인 일 때문에 갈등이 생겼다. 성과는 냈는데 부작용이 생겨서 사람을 잃었다. 이런 종류의 사건은 인간사에서 흔히 있을 수 있는 일이다. 희생이 없는 전쟁은 불가능하다. 모든 비즈니스 건수마다 전혀 손해를 보지 않고 이익만 얻기는 쉽지 않다. 그러면 이 문제를 어떻게 해결해가야 하는가?

사독 제사장의 아들 아히마아스가 이번에도 자기가 승리 소식을 전하는 전령의 역할을 다하겠다고 나섰다. 그런데 요압 장군이 말렸다. 오늘은 왕의 아들이 죽었기 때문에 나쁜 소식이니 가지 말라고 했다. 일리 있는 만류였다. 그래서 다른 사람인 구스(에티오피아) 용병을 대신 보내어 그가 출발했다. 그런데도 아히마아스는 요압 장군에게 자기도 전령으로 가게 해달라고 계속 고집을 부렸다. 그러자 요압이 마지못해 가라고 했다. 분명히 아닌데 자꾸 조르면 부모나 윗사람이 못내 허락하는 경우가 있다. 실패하고 넘어져서 교육의 효과를 얻으라는 뜻이라고 할 수 있겠다.

거리가 더 가까운 산길을 택한 에티오피아 전령보다 평지의 지름길로 갔던 아히마아스가 더 일찍 도착했다. 아히마아스가 다윗왕에게 승리한 소식을 알렸다. 그러자 왕이 그럼 압살롬은 잘 있는지 물었다. 이때 아히마아스는 어떻게 대답해야 했을까? 아히마아스는 잘 모른다고 보고했다. 자기가 떠날 때 뭔가 소동이 일어난 것 같은데 무슨 내용인지는 모른다고 했다. 아히마아스의 거짓말은 교묘했다. 알고 있으면서 자기 입으로는 말하지 않았다. 말하지 않았으니 거짓말이 아닌가? 아니, 알고 있는 것을 말하지 않았으니 거짓 보고를 한 셈이다. 뒤따라온 구스인 전령이 사실대로 다 이야기했다. 반역을 진압하고 다시 정권을 잡은 날에 다윗왕은 아들의 죽음으로 인해 오히려 슬퍼했다.

목-사인가, 사-목인가?
판단하라!

　　여기서 우리가 목표 달성과 사람 생각의 관계에 대해서 생각해볼 수 있다. 먼저 요압에 대해 평가해보아야 한다. 요압 장군은 압살롬을 전쟁터에서 죽였다. 아들을 향한 왕의 애틋한 부정에 대한 연민 같은 것은 애초부터 관심 밖이었다. 물론 다윗왕은 정치적 입장이나 반역사건을 대하는 공식적인 대응의 관점으로 볼 때 사사로운 감정을 개입시킨 측면이 있다. 그렇더라도 요압은 다윗왕의 '아버지 입장'을 좀 고려할 수 있지 않았을까? 다윗의 마음에 공감할 수 없었을까?

　　요압이 압살롬을 찔러 죽인 것은 개인적인 감정 때문이라고 의심해볼 만한 근거도 있다. 과거부터 아버지와 갈등이 있던 압살롬이 아버지와 만나려고 하는데 요압이 중간에서 역할을 안 해주어 불만을 표현한 적이 있다. 압살롬이 종들을 시켜서 요압의 보리밭에 불을 지르며 요압의 주의를 거칠게 환기시켰다(삼하 14:28-33). 이런 상황에서 요압은 정치적 입장과 국가의 후환을 없애는 거시적 안목은 핑계이고, 사실은 개인적으로 좋지 않은 감정 때문에 압살롬을 죽인 것은 아니었는지 의심이 간다. 또한 다윗왕으로 인한 자기의 권력과 이권을 계속 챙기려는 의도도 있지 않았을까 생각된다. 아직은 아들보다 다윗왕이 왕좌에 있어야 자신의 입지에 더 유리하다고 판단했을 듯하다.

여하튼 나중에 요압은 슬퍼하는 다윗왕을 찾아가서 좀 심한 말을 했다. 만약 승전한 날에 백성들 앞에서 공식적으로 승리를 선언하고 병사들의 노고를 치하하지 않으면 백성들이 왕의 곁을 다 떠날지도 모른다는 일종의 협박성 발언을 했다. 요압은 여러 이유로 다윗왕의 마음에 공감하지 못했다. 목표만 중요하게 생각했지 사람은 생각하지 못했다.

또한 아히마아스의 목표 달성과 사람 생각도 우리가 다루어야 한다. 아히마아스는 제사장의 아들이었지만 인생의 성공을 쟁취하려는 야망이 대단했다. 자기의 일에 대한 목표와 성과에 지나치게 집중했다. 그래서 결국 '사람'을 놓쳤다. 이 점이 요압과 비슷했다. 요압과 아히마아스는 성공지향의 인생을 살고 목표지향적이라는 점에서 공통점이 많았다.

'내가 좋은 소식을 가장 먼저 알려서 상을 받아야 하겠다' 라는 생각은 욕심이었다. 그날은 반역하는 무리를 제압한 승리의 날이었지만 왕의 아들 압살롬이 죽었기 때문에 승전을 즐길 만한 상황이 아니었다. 그런 분위기를 무시하고 자기의 목표 달성을 위해서만 애쓴 아히마아스와 달리 상황판단을 제대로 한 사람이 있었다. 바로 요나단이었다. 전에 다윗왕에게 강을 건너서 급하게 피신하라고 알릴 때 아히마아스는 동료이고 함께 명령받은 요나단과 같이 전령의 일을 했다. 그는 제사장 아비아달의 아들이었다. 아히마아스와 요나단은 아버지들이 제사장으로 일했으니 교류가 있었고 가까운 사이였을 것이다. 그러니 다윗이 제사장의 아들들인 두 사람에게 전령의 역할을 맡겼다.

그런데 승리 소식을 알리는 이 일에 왜 요나단은 빠졌을까? 왜 나서지 않았을까? 가려면 아히마아스와 요나단, 둘이 함께 갔어야 하지 않은가? 아마도 요나단은 당시의 상황을 보고 판단해서 스스로 빠졌을 것으로 보인다. 승리만이 중요하지 않고 다윗왕의 처지에서는 아들이 죽었기에 승리에 도취해 있으면 안 되겠다고 판단하여 그 일에 함께하지 않았다고 생각할 수 있다. 반면 아히마아스는 욕심이 컸다. 내가 평판 좋은 사람으로, 늘 좋은 소식을 전하는 사람으로 성공해야 하겠다는 욕심이 결국 '사람' 의 중요성을 놓치게 했다.

결국 사람은 생각하지 않고 목표만 중시하고 자기 욕심만 차렸던 아히마아스는 어떻게 되었는가? 좋은 소식을 전했다고 다윗왕에게 상을 받았을까? 그랬으면 더 큰일이었다. 아히마아스의 거짓말은 다윗왕만 몰랐을 가능성이 크다. 그런 상황에서 만약 아히마아스가 상을 받았다면 더 심각한 문제였다. 본인에게도 불명예이고, 아버지 사독의 얼굴에도 먹칠한 셈이었다. 이스라엘의 제사장인 사독의 아들이 거짓말을 해서 상을 받았다니, 얼마나 꼴불견이었겠는가?

우리는 판단을 잘해야 한다. 목표가 사람보다 앞서야 하는 때인가, 아니면 사람이 목표보다 앞서야 하는 때인가 잘 판단해야 한다. 목–사인가, 사–목인가 판단해야 한다. 그런데 분명하게 알아야만 할 것이 있다. 목표와 사람은 양자택일의 상황이 아니라는 점이다. 둘 중 하나가 아니라 언제나 둘이 함께 가야 한다고 생각하면 된다. 우리는 '우선순위로 무엇을 앞세워야 하는 때인가' 라는 생각을 수시로, 사안마다 판단해야 한다. 목표와 사람은 둘 중 하나를 고르는 양자택일이 아니다. 둘 다 버리지 못하고 순서를 정하는 것이 중요하다.

요압이나 아히마아스가 어떻게 했어야 진정한 목표와 사람 사이에 공감할 수 있었을까? 전쟁, 그러니까 압살롬 군대와 목숨 걸고 다투어야 할 때는 목−사의 순서로 하는 것이 옳았다. 목표를 앞세울 수 있었다. 다윗은 압살롬을 살리라고 했지만 그러지 않았거나 못했던 점도 이해가 안 되는 것이 아니다. 그럴 수 있다고 본다. 그 상황에서는 목−사 순서로 하는 것도 가능하다.

그런데 전쟁이 끝난 다음에는 사−목 순서가 되어야 했다. 사람을 목표보다 많이 앞세웠어야 한다. 아히마아스는 전령을 자처하면서 뛰어가 승리했다고 전하며 자신의 목표를 달성했다. 그런데 압살롬이 죽은 이야기는 하지 않는 허위보고를 했다. 좋은 소식을 전하는 자라는 평판을 유지하려는 욕심에 기인한 이런 교묘한 거짓말은 반드시 보응을 받는다. 이 땅에서 못 받으면 저 세상에 가서라도 받을 것이다.

요압도 전쟁할 때에는 목−사 순서로 했더라도 전쟁이 끝나고 나서는 사−목 순서로 다윗왕을 위로했어야 마땅하다. 자기가 먼저 왕에게 사실대로 피치 못할 상황이었다고 보고해야 했다. 전쟁은 승리했는데 안타깝게도 압살롬을 죽일 수밖에 없었다고 전령의 입 속에 말을 넣어주었어야 한다. 왕의 슬픔에 공감한다고 애도하는 말도 전했어야 한다.

요압은 자식이 없었을까? 다윗왕에게 가서 그렇게 협박조로 거래하듯이 말하면 안 되었다. 다윗왕은 전쟁에 승리해서 왕위는 유지했더라도, 아들 압살롬이 죽은 것은 슬프고 안타까웠다. 이것은 아버지로서 너무도 당연한 반응이었다. 그런 아버지의 심정을 왜 요압은 이해하지 못했는가 말이다.

사실 다윗도 아버지로서는 부족한 점이 있었고, 힘든 일도 많았다. 압살롬의 반역도 사실은 다윗이 아버지 역할을 제대로 하지 못해서 만든 상황이기도 하다. 그런 모든 일이 후회되니 더 아프고 괴로웠다. 그런 불쌍하고 안타까운 다윗왕을 위로해줄 사람이 누구였는가? 조카이기도 하고 심복이기도 한 요압이 할 수 있지 않았는가?

목표보다 중요한 사람을 위해
울타리를 옮기라

목표와 사람 간의 공감을 제대로 한 사례를 성경에서 찾기가 쉽지 않아서 안타깝다. 그래서 한 가지 실화를 통해 목-사 공감을 제대로 하는 실천적인 적용을 제안해본다. 목표와 사람을 균형 있게 유지하면서 공동체를 세우는 일이 쉽지는 않지만 불가능한 일도 아니다.

청소년들을 대상으로 사역하던 마이클 야코넬리라는 사역자가 있었다. 신학공부를 한 사람도 아닌데 평신도 사역자로 훌륭하게 사역했다. 그러던 그가 어느 날 불의의 교통사고로 세상을 떠났다. 다음은 그가 쓴 책에서 소개하는 이야기다.

제2차 세계대전 때 프랑스의 어느 시골 마을에서 전투가 벌어졌다. 그 와중에 미군 병사 한 사람이 전사했다. 그 병사의 동료들은 전쟁터에 전우의 시신을 방치하고 싶지 않았다. 그래서 장례식을 열어주기로 했다. 전투가 벌어지는 전선에서 몇 마일 떨어진 곳에 흰 울타리를 친 작은 공동묘지가 있었다. 바로 옆에 있는 교회에서 묘지를 관리하는 것으로 보였다. 그걸 기억해낸 병사들은 동료의 시신을 공동묘지로 옮겨갔다. 해가 지기 전 겨우 그곳에 도착했다.

허리가 굽고 야윈 노 신부가 그들을 맞아주었다. 깊게 주름이 패고 햇볕에 그을린 얼굴의 신부였다. 그의 두 눈은 열정으로 반짝였다. 한 병사가 정중하게 말을 건넸다.

"우리 친구가 전쟁터에서 숨졌습니다. 우리는 그를 교회 묘지에 묻어주고 싶습니다."

신부는 병사들이 원하는 것이 무엇인지 알았다. 그런데 아주 서툰 영어로 이렇게 대답했다.

"미안합니다. 같은 신앙을 가진 사람이 아니면 이곳에 묻어줄 수가 없습니다."

노 신부는 가톨릭교회의 묘지에 개신교 신앙을 가진 미군의 시신을 묻어줄 수 없다는 점을 이야기하며 거부했다. 수개월째 전쟁을 치르는 병사들은 서운한 기색조차 보이지 못하고 그 자리를 떠나야 했다. 그러자 노 신부가 그들을 불러 세웠다.

"그렇지만 교회 울타리 밖에 묻는 것은 괜찮습니다."

병사들은 그 말에 화가 나긴 했지만 묘지 울타리 밖에 땅을 파고 전우를 묻어주었다. 일을 다 마쳤을 때는 해가 떨어지고 어둑어둑해졌다.

다음 날 아침, 미군 병사들은 전선을 옮기라는 명령을 받았다. 병사들은 떠나기 전 마지막으로 전우에게 작별인사를 하기 위해 그 교회의 무덤을 다시 찾아갔다. 그런데 어젯밤에 전우를 묻은 자리를 찾을 수가 없었다. 어리둥절해진 병사들이 교회 문을 두드렸다.

"어젯밤 우리가 지치기도 했고 어두워서 그랬는지 동료 병사를 묻은 자리가 제대로 기억이 나질 않습니다."

그 말에 노 신부의 얼굴에 미소가 번졌다.

"어젯밤 당신들이 떠난 후 잠을 이룰 수가 없었습니다. 그래서 오늘 아침 일찍 일어나서 내가 묘지의 울타리를 옮겨 놓았습니다"(마이클 야코넬리 지음, 「마이클 야코넬리의 영성」, 아바서원 펴냄, 218-220쪽).

같은 연합군이지만 개신교인을 가톨릭교회의 묘지에 묻을 수 없다고 했던 노 신부는 결국 자기 잘못을 돌이키고 울타리를 옮겨놓았다. 목표를 위해 희생했던 사람을 살리는 방법을 그렇게 찾았다. 사실 울타리를 옮겨놓는 일은 보통 일이 아니다. 울타리를 만든 사람들은 울타리가 무너져 내리는 것을 좋아하지 않기 때문이다. 그래서 우리 사회에는 우뚝우뚝 솟아 있는 울타리들이 많다. 사람들은 이곳저곳에 담을 세워놓고 그 담을 절대 허물지 않는다.

그런데 이 노 신부의 뒤늦은 결정에는 어떤 의미가 있는가? 목표를 추구하다 보니 사람을 제대로 세울 수 없었는데, 그게 너무 마음 아파서 결국 목표도 사람도 함께 세울 수 있는 방법을 찾았다. 밤새 잠 못 들고 그 대안을 찾아냈다.

목표를 이루고 성과를 달성하기 위해 울타리를 쳐 놓아서 용납하지 못한 사람이 있는가? 그러면 울타리를 옮겨주면 문제를 해결할 수 있다. 그러면 사람도 얻으면서 목표를 이룰 수 있다. 나의 탐욕이나 쓸데없는 고집, 타성의 울타리는 변치 않는 하나님의 진리가 결코 아니다. 뽑아서 옮겨도 된다. 그래야 목표와 사람을 동시에 얻을 수 있다. 이런 노력을 우리 하나님이 기뻐하신다. 일터에서 일할 때도, 가정에서 부부생활과 부모-자녀의 관계에서도, 교회에서 주님의 사역을 감당할 때도 이 목표와 사람, 사람과 목표를 함께 공감하는 방법을 고민하며 찾아보아야 한다.

C·H·A·P·T·E·R·03

창고를 준비하여
세상을 복되게 하는 리더십

,,

'창고'라고 하면 어떤 느낌이 드는가? 몇 년째 안 쓰는 물건들과 잡동사니가 잔뜩 쌓여 있는 우리 집 다용도실이나 베란다 구석을 생각하지는 말라. 물건들이 가득 들어차 있는 물류창고를 떠올리면 우리가 함께 생각할 창고와 조금 더 가깝다.

간혹 물류창고 직원들이 일하는 곳에서도 예배를 드리고, 그곳에서 함께 지내며 박스작업도 하는 기회를 얻어보았다. 정리하기 막막하고 답답하고 먼지 많고 힘든 곳이 창고이긴 한데, 그 창고에 의미가 있었다. 쇼핑몰 회사에서 일할 신입직원들을 뽑으면 먼저 창고업무를 몇 개월 하게 한 후 관리업무나 다른 업무들을 하게 한다는 이야기를 들었다. 자기가 일할 회사가 어떤 일을 하는지, 현장부터 접하면서 배우게 한다는 의미가 있다. 요즘에는 그렇게 힘들게 일을 시키니 신입직원들의 이직률이 높아서 그렇게 하지도 못한다는 이야기도 들었다. 하지만 창고에는 남다른 의미가 있다.

성경에서도 창고에 관해 이야기한다. 예수님이 비유로 말씀하신 부자 농부의 이야기에 등장하는 창고이다. 그해 농사가 풍년이었을 때 곡식을 쌓아 놓을 곳이 없는 것을 본 부자 농부가 곳간을 헐고 더 크게 지어 자기의 모든 곡식과 물건을 쌓아두겠다고 욕심을 부렸다. 그러나 부자 농부의 이기적이고 탐욕이 가득 찬 창고는 뜻대로 지어지지 못했다. "어리석은 자여 오늘 밤에 네 영혼을 도로 찾으리니 그러면 네 준비한 것이 누구의 것이 되겠느냐"(눅 12:20).

또 한 사람의 창고가 있었다. 히스기야왕이 죽을병에 걸렸다가 기도하자 하나님이 살려주셨는데, 그 소식을 듣고 바벨론 왕이 축하하느라 예물과 사신을 보냈던 때의 일이다. 히스기야가 보물창고와 무기고 등 나라의 창고란 창고는 다 열어서 자랑했다. 그 창고로 인해 히스기야왕이 천국에서 지옥으로 떨어졌다. 그 창고 안의 보물들은 바벨론으로 다 옮겨가게 되고, 후손들이 사로잡히게 된다는 안타까운 예언을 들어야 했다. 히스기야왕의 교만이 가득 들어찬 창고도 있다(왕하 20:1-19).

이런 욕심이 가득 담긴 창고들 말고 애굽에서는 요셉이 사람을 살리는 멋진 창고를 만들어 운영했다. 요셉의 창고를 리더십의 관점으로 살펴보면 창고란 모름지기 세 가지 요소를 갖추어야 한다. 예측과 저장, 그리고 유통의 세 요소이다.

예측 : 하나님의 지혜로 판단하여
효과적으로 설득하라

창고의 첫 번째 요소는 예측이다. 무엇을 저장할 것인지, 어떻게 저장할 것인지, 언제까지 저장해야 하는지 잘 예상해야 한다. 족집게 도사라도 되어야 가능할까? 해마다 연말이 가까워지면 다음 해의 트렌드를 분석하고 예측하는 기사와 자료들, 그리고 책들이 여러 종류가 나온다. 새해에 대한 예측이 맞는 경우도 있지만 빗나가기도 한다.

예측이 필요한 직업인들이 여러 분야에 있다. 대표적인 직업이 증권사 직원들인데, 그들은 주가를 어떻게 예측하는가? 증권사 직원들이 모인 자리에서 주가 예측에 필요한 것은 공부, 수학 실력 같은 것은 다 필요 없이 그저 '동물적 감각'이라고 자조하는 말을 들었다. 그런데 결국 "주가는 하나님만 아신다"라고 한 발짝 물러서며 거룩하게(?) 결론지었다. 주가를 예측하기가 쉽지 않다는 고민을 느낄 수 있었다.

요셉의 경우에는 하나님이 주신 지혜로 미래를 예측할 수 있었다. 요셉은 애굽의 왕 바로의 꿈을 해석하기에 앞서 바로가 요셉의 해몽 능력을 칭찬하자 이렇게 강조했다. "내가 아니라 하나님께서 바로에게 편안한 대답을 하시리이다"(창 41:16). 요셉은 자기가 말하는 꿈의 해석은 바로 하나님의 능력 때문에 가능하다고 분명하게 못 박았다.

요셉이 애굽의 왕 바로 앞에서 이렇게 하나님을 언급한 일은 대단한 용기였다. 요셉은 수많은 신을 섬기면서도 자신의 하룻밤 꿈도 해몽하지 못하는 바로의 코를 납작하게 해줄 말 펀치를 날렸다. "바로의 꿈은 하나라. 하나님이 그가 하실 일을 바로에게 보이심이니이다"(창 41:25). 거기서 그치지 않고 또 한 번 "내가 바로에게 이르기를 하나님이 그가 하실 일을 바로에게 보이신다 함이 이것이라"(창 41:28)고 강한 훅을 던진 후 마지막으로 카운터펀치를 날렸다. "바로께서 꿈을 두 번 겹쳐 꾸신 것은 하나님이 이 일을 정하셨음이라. 하나님이 속히 행하시리니"(창 41:32). 처음부터 끝까지 계속 하나님이 보여주신 일이고, 하나님이 속히 행하실 것이며, 하나님이 해결책도 가지고 계신다고 말끝마다 하나님의 이름을 들먹이고 있다.

사실 요셉은 당시 애굽의 왕 바로가 어떤 존재인지 잘 알고 있었다. 당시 애굽의 왕 바로는 신적인 존재였다. 태양신 '라'의 아들이었다. 애굽의 그 많은 신을 섬기는 일을 주관했고, 애굽인의 세계관을 따라 하늘 위의 땅의 주인이자 하늘 아래 땅의 주인이었다. 신인(神人)이었다고 이해하면 된다. 애굽 궁궐 가까이에서 십여 년 동안 지내며 요셉은 그런 바로왕의 존재에 대한 상식쯤은 가지고 있었다.

그런데도 요셉은 바로에게 하나님의 이름을 다섯 번이나 언급하면서 확신 있게 말했다. 하나님이 주신 지혜였다. 하나님의 지혜로 미래를 예측할 수 있다. "일곱 마리 소와 일곱 이삭은 칠 년의 풍년과 흉년을 말합니다. 칠 년 풍년이 애굽 땅에 있을 것입니다. 그리고 그 풍년을 잊을 만큼 극심한 흉년이 들 것입니다. 그것을 대비해서 준비해야 합니다." 이렇게 명쾌하게 이야기했다. 그만큼 요셉은 자신이 있었다. 하나님이 주신 안목과 지혜를 가지고 예측했기 때문이다.

요셉이 보여준 대로 하나님의 지혜로 하는 예측은 이런 패턴이다. 하나님이 요셉에게 미래를 예언하는 능력을 주셨다. 그리고 요셉은 하나님이 주신 지혜라는 사실을 강조해서 애굽 왕 바로에게 이야기하며 설득했다. 하나님이라는 신의 이름을 반복하며 강조했다. 이것은 과잉 종교성으로 포장하는 태도가 아니었다. 목숨을 건 고백이었다. 이런 용기와 하나님을 향한 충성이 있으니 하나님이 요셉에게 지혜를 주시고 바른 판단을 하게 해주셨다.

그런데 애굽 백성들은 제대로 예측하지 못했다. 요셉이 7년 풍년 뒤에 극심한 7년 흉년이 올 것이라고 분명히 예측했는데, 그 말을 제대로 믿지 않았다. 7년간 풍년이 드는 것을 봤으면 이후 흉년이 7년간 연속해서 들 것을 왜 예측하지 못했는가? 애굽 백성들은 흉년을 오래 견디지 못했다. 흉년이 2년밖에 지나지 않았는데 그동안 모은 돈으로 곡식을 사서 먹었고 나중에는 자신들의 집과 토지와 가축들, 심지어 자신들의 몸까지 팔아야 했다.

요셉이 풍년 때 전체 소출량의 20%를 수매하여 국가적인 사업으로 창고에 저장했지만 백성들도 남은 곡식을 저장했다. 엄청난 풍년이었기에 남은 곡식들을 다 먹을 수도 없었기 때문이다. 그렇다면 백성들은 곡식을 제대로 저장하지 못해서 막상 흉년 기간에는 곡식을 제대로 활용할 수 없었던 것으로밖에는 설명하기 힘들다.

어떻게 이런 일이 생겼는가? 아무리 극심한 흉년이 들었더라도 3년도 채 되기 전에 애굽 사람들이 빈털터리가 되었다니 좀 이상하지 않은가? 나머지 4~5년 동안 애굽과 고대 근동지방 사람들을 먹여 살릴 수 있을 만한 양의 곡식은 요셉이 관리책임을 진 애굽의 국가창고 안에만 있었다. 요셉이 풍년 7년 동안 20%의 세금을 거둔 것에 대해 성경은 이렇게 표현한다. "쌓아 둔 곡식이 바다 모래같이 심히 많아 세기를 그쳤으니 그 수가 한이 없음이었더라"(창 41:49). 국가기관에서 업무를 수행하면서, 더구나 위기 상황을 대비한 일을 수행하면서 비축한 양곡의 양을 측정할 수 없을 정도였다니 상상이 되는가? 얼마나 큰 풍년이 들었는지 우리는 충분히 상상할 수 있다. 요셉은 그만큼 많은 양의 곡식을 저장할 수 있었다.

그렇다면 궁금해진다. 세금으로 20%를 내고 난 나머지 80%의 곡식을 갖고 있던 애굽 사람들은 남는 곡식을 어떻게 했을까? 파는 것도 한두 해는 가능했겠지만 연속해서 점점 더 풍년이 드는 상황에서는 곡식을 팔아 돈을 확보하는 것도 쉽지 않았다. 애굽 사람들은 풍년 동안 마음껏 먹고 남은 곡식을 당연히 저장했다. 그렇다면 그들이 저장한 곡식은 어떻게 되었다는 것인가? 곡식은 온도와 습도를 잘 유지해주어야 제대로 저장할 수 있다. 본래 곡식이란 쉽게 벌레가 나고 썩는다. 애굽 백성들은 곡식 저장을 제대로 하지 못했기 때문에 그런 심각한 사태를 겪어야 했다. 창고에서 중요한 것은 바로 저장의 문제이다.

저장 : 경험을 최대한
활용하여 준비하라

예측의 정확성을 인정받은 요셉은 창고를 운영할 자리에 임명되었다. 제국의 위기 상황을 고려해 실권 1인자인 총리가 되었다. 그래서 요셉은 애굽 전국에 창고를 준비했다. 창고의 둘째 요소는 저장이다. 창고는 효과적으로 잘 저장할 수 있어야 한다. 시간이 지나면 저장한 물건의 가치가 줄어들기도 하고, 오히려 손해를 볼 수도 있다. 잘 저장하는 노하우를 익혀야 창고가 제대로 기능을 발휘한다.

요셉이 창고를 준비한 내용은 바로왕 앞에서 브리핑할 때 이미 계획이 되어 있는 내용이었다. 여유가 있고 풍족할 때 곡식을 저장해서 제대로 준비했다. 세상 사람들이 고통받을 때가 있을 것을 미리 알고 창고를 준비했다. 국토의 여러 곳에 거대한 창고를 지었다. 애굽 백성들과 달리 요셉은 국가 시스템을 활용해서 국책사업으로 곡식을 저장해 흉년을 대비했다.

요셉은 풍년 때 한 해에 생산하는 곡식의 양을 잘 파악했다. 그래서 애굽 전역에서 생산되는 곡식의 20%를 세금으로 걷어 저장했다. 그런데 요셉은 그 많은 곡식을 썩지 않게 저장하는 방법을 알고 있었다. 풍년이 7년간 연속되고 그 후에는 7년간 흉년이 드는 상황은 결코 흔한 경우가 아니었다. 농사 작황을 예측한다면 이런 예측을 할 사람은 없다. 정상적인 기후 변동을 고려한다면 이런 경우는 흔치 않았다. 하나님의 역사가 분명했다.

만약 한두 해 풍년, 또 한두 해 흉년이 차례로 들었다면 곡식을 저장하기가 훨씬 수월했을 것이다. 창고에 곡식이 가득 찼다가 비는 일이 반복되기 때문이다. 그런데 7년씩이나 풍년이 계속된다면 이 것은 보통 일이 아니었다. 도대체 저장시설을 얼마나 지어야 했겠는 가? 애굽 백성들이 세금으로 낸 20% 외에 80%의 곡식을 가지고 있 었으면서도 제대로 저장하지 못한 요인이 여기에 있었다. 백성들은 창고를 충분하게 제대로 짓지 못했다. 창고를 지었더라도 풍년이 끝 나면 7년 흉년이 오는데 그때 그 창고들을 어떻게 운용할 수 있었겠 는가? 이렇게 저장을 위한 창고 운용이 만만치 않았다.

유럽의 남서부에 있는 이베리아반도 북서부 지방에 곡물을 저장 하는 '오레오'(Horreo)라는 건축물이 15세기부터 많이 지어졌다. 초창기에는 목조였으나 이후 석조건물로 지어졌는데, 그쪽 지방은 일 년 중 비가 오는 날이 많기에 습기를 피하고자 1m 높이의 기둥들 을 세우고 그 위에 창고건물을 지었다. 쥐 같은 설치류의 침입도 막 고 환기를 위한 가는 창살이 있는 창들이 사방 벽에 있는 창고건물 들이 지금도 남아 있다.

요셉도 당시 애굽의 상황에 맞게 건조한 내륙지역과 나일강이 가까운 습한 지역의 차이도 감안하고 7년의 저장기간도 고려해 창 고를 짓고 곡식을 저장하는 방법을 모색했을 것이다. 온도와 습도를 잘 유지해주는 방법을 찾기 위해서 전문가들을 위촉하고 짜임새 있 게 팀을 꾸려서 일하게 했을 것이다.

요셉이 조성한 창고의 비밀이 무엇이었을까? 요셉은 곡식 저장하는 방법을 알고 있었다. 물론 규모의 차이를 고려하긴 해야 한다. 애굽 백성이 저장한 창고는 개인 창고이고 기껏해야 동네 창고였다. 그런데 요셉은 국가사업으로 한 성읍 주위의 밭에서 생산되는 곡식을 각 성읍 안에 효과적으로 저장했다. 도시별로 계획해서 창고들을 짓고 곡식 저장을 체계적으로 했다.

물론 애굽의 국가정책에 관한 일을 요셉이 혼자 다 알아서 처리하지는 않았을 것이 분명하다. 그런데 요셉이 진두지휘해서 사람들을 세우고 조직을 통해 기획하고 정책을 추진했을 것이다. 성경에서 이야기하는 요셉의 이력을 돌아보면 요셉이 곡식창고를 운영해봤던 실무경험을 추적하는 일이 가능하다.

요셉의 창고 경험을 세 가지 정도로 생각해 볼 수 있다. 첫째는 어린 시절 집안의 농사 경험이다. 요셉은 어린 시절에 곡식을 추수하는 꿈을 꾸었다. 요셉의 집이 전통적으로 유목을 주 종목으로 삼은 집안이었지만 농사도 지었음을 알 수 있다. 할아버지 이삭 때에도 블레셋 땅에서 곡식 농사를 지어 100배나 소출을 거둔 적이 있다. 당시 50배의 소출을 얻으면 풍년이라고 했다. 그런데 100배이니 풍년의 두 배 소출을 얻은 셈이었다. 이런 풍년을 요셉은 이미 경험해보았다. 당연히 곡식을 오래 저장하는 방법을 터득했다.

둘째, 요셉은 애굽 바로의 친위대장 보디발의 집에서 종살이할 때 창고업무와 저장법을 체계적으로 배웠다. 그때 보디발의 집에서 요셉은 많은 농사를 짓는 일을 책임지고 있었다. 당시 보디발 장군이 정복전쟁에서 승리하면 파라오가 하사하는 봉토가 늘어났다. 그 땅에서 노예들의 노동력을 활용해 농사를 지어 수확하는 일이 요셉의 주된 업무였다. 그리고 곡식을 잘 보관하다가 적절한 시기에 유통하여 이익을 얻었다. 요셉이 그 일을 책임진 후부터 여호와의 복이 보디발의 집과 밭에 있는 모든 소유에 임했다고 성경은 기록한다(창 39:5). 요셉은 이미 보디발의 집에서 성공적인 창고 운영의 경험을 쌓았다. 이런 지식이 애굽의 창고를 운용하는 데 얼마나 도움이 되었겠는지 우리는 충분히 상상할 수 있다.

셋째, 보디발의 집에 있는 감옥에 있을 때의 경험이다. 사실 우리는 감옥 경험이 요셉에게 아무런 도움도 되지 않았다고 넘겨짚을 수 있다. 그러나 요셉의 감옥생활은 고생한 요셉에게는 미안한 이야기지만 그의 인생을 볼 때 매우 유익한 경험이었다. 요셉이 갇혔고, 나중에 모든 일을 도맡아 하던 감옥은 좀도둑이 들어오는 일반 감옥이 아니었다. 친위대장 보디발의 집안에서 운영하던 궁궐 감옥으로 애굽 왕 바로의 측근 신하 중에 죄를 지은 사람들이 들어오는 곳이었다.

술 맡은 관원장과 떡 굽는 관원장은 바로의 측근 신하들이었다. 요셉이 투옥된, 한 3년쯤 되었을 기간에 그 두 사람만 감옥에 들어왔겠는가? 요셉의 투옥기간에 더 많은 사람이 그 감옥을 드나들었을 가능성이 크다. 그 사람 중에 오늘날의 농림축산식품부 장관쯤 되는 사람이 들어오지는 않았을까? 아니면 농업정책국장이나 식량정책관쯤 되는 사람들이 감옥에 들어오지 않았을까?

요셉은 감옥에 들어온 농업 관련된 죄수들에게 농사와 곡식 저장에 대한 지식을 얻기만 한 것이 아니었다. 그들을 통해 애굽의 궁궐 안에서 벌어지는 일들을 잘 알 수 있었다. 요셉은 감옥에 앉아서 바로의 신하들이 하는 일이 무엇인지, 그들의 권력관계와 궁궐에서 경쟁하며 벌이는 음모와 협잡까지 다 들어서 파악할 수 있었다. 이런 것들이 감옥 안의 요셉에게는 매우 유익한 '고급 지식'이 되었다.

중요한 사실 한 가지는 요셉의 인생 과정마다 지식을 얻는 중요한 기회들이 있었다는 점이다. 이 사실을 놓치면 안 된다. 하나님 나라에는 쓰레기통이 없다. 괴롭고 힘들어서 잊어버리고 싶지만 그 경험이 참 쓸모가 있고 귀하다. 오늘 우리도 마찬가지다. 우리가 겪는 모든 일이 다 우리 인생에서 유익하다. 우리는 단 하루도 허투루 버릴 만한 날이 없다.

요셉의 곡식저장 준비과정에서 우리는 한 가지 배울 수 있어야 한다. 요셉은 애굽 전국의 대단히 큰 창고를 운영하기까지 작은 규모의 창고들을 운영할 기회를 여러 번 가졌다. 그때 요셉이 "이 창고는 작고 시시하다"면서 창고 운영을 대충 했다면 나중에 세계에서 가장 규모가 큰 창고를 제대로 운영할 수 있었을까? 작은 창고들을 제대로 다뤄보지 못한 사람은 큰 창고를 운영할 수 없다. 하나님이 우리에게 큰 창고를 맡겨주시기를 기대하면 우리는 오늘 우리에게 주어진 창고에 집중해야 한다. 최선을 다해야 한다. 그 창고에서 지식의 알곡을 가장 효과적으로 저장할 방법을 연구해야 한다.

유통 : 지식의 알곡을 팔아
세상을 구원하라

우리는 왜 창고를 짓고 그 안에 알곡을 저장해야 하는 가? 창고의 사명이 있기 때문이다. 창고야말로 위기를 당하는 세상을 구원하기 때문이다. 요셉의 예언대로 7년 풍년이 끝난 후에 드디어 기근이 온 땅을 덮었다. 극심한 기근이었다. 그래서 요셉은 애굽 땅 곳곳에 있던 모든 창고를 열었다. 이 가슴 벅찬 장면을 상상해보라. 굶어 죽어가는 애굽 백성들을 위해 준비한 창고의 문이 드디어 열렸다. 잘 저장되어 있던 곡식을 애굽 사람들에게 팔았다. 그래서 그들을 살렸다. "온 지면에 기근이 있으매 요셉이 모든 창고를 열고 애굽 백성에게 팔새 애굽 땅에 기근이 심하며 각국 백성도 양식을 사려고 애굽으로 들어와 요셉에게 이르렀으니 기근이 온 세상에 심함이었더라"(창 41:56-57).

창고의 세 번째 요소는 유통·판매이다. 창고에 저장만 잘한다고 훌륭한 창고는 아니다. 팔아야 한다. 유통해야 한다. 창고에서 곡식이 썩으면 그것은 죄와 다르지 않다. 유통하고 팔기 위해 저장한다. 세상을 복되게 하는 창고는 바로 잘 파는 창고이다. 이런 멋진 창고가 바로 요셉의 창고였다.

요셉은 기근을 대비해 준비해둔 창고를 열어서 굶주린 세상 사람들에게 곡식을 팔았다. 결코 공짜로 나누어주지 않았다. 자선사업이 아니라 비즈니스를 했다. 곡식을 팔았다는 점은 매우 중요하다.

요셉은 굶주린 사람들에게 곡식을 팔았다.

그러나 이것은 단순한 장사가 아니었다. 그 비즈니스로 요셉은 결국 애굽 백성을 살려냈다. 고대 근동지방의 수많은 사람을 살렸다. 당시 애굽 사람들은 곡식을 사 먹을 만한 재정적인 능력이 없었다. 완전히 빈털터리였다. 그런데도 요셉은 곡식을 팔았다. 돈이 없다고 공짜로 얻어먹으면 영영 그렇게 무기력을 학습하면서 제대로 살지 못하니 공짜로 나눠주지 않고 팔았던 것이다. 이렇게 비즈니스가 중요하다. 팔아서 사람들을 살릴 수 있다. 공짜로 나누어주는 일만이 복지인가? 건전한 비즈니스로 보람을 얻으며 사람답게 경제적 삶을 누리게 하는 일이 진정한 복지이다.

파는 일을 제대로 하면 사람들이 살아난다. 비즈니스를 잘하는 기업이 크리스천 기업이다. 돈을 많이 벌어서 선교한다며 나중에 마음 바뀔지도 모르는 말을 할 것도 없다. 잘 저장했다가 제대로 파는 비즈니스를 잘하면 그 비즈니스 자체가 바로 선교이다. 이에 관하여 잠언 11장 26절은 이렇게 말한다. "곡식을 내놓지 아니하는 자는 백성에게 저주를 받을 것이나 파는 자는 그의 머리에 복이 임하리라." 요셉은 곡식을 창고에 쌓아 놓는 사람이 아니었다. 팔아서 사람들을 살렸다. 온 세상 사람들이 7년이나 계속되는 흉년 동안에 굶어 죽지 않도록 창고를 열어 곡식을 팔았던 사람이 바로 요셉이다.

세상은 아직도 고통받고 있다. 이 세상을 살릴 사람들이 누구인가? 우리 크리스천들은 나 하나 잘 먹고 잘사는 것으로 만족해서는 안 되는 사람들이다. 기껏해야 가족들이나 편하게 해주는 것에 인생의 목표를 두면 되겠는가? 우리가 제대로 살아가는 것이 바로 우리가 직장생활하고 기업을 경영하는 기본적인 동기이다. 그러나 그렇게 나 하나 먹고 살고 가족 부양하는 일은 우리 인생의 비전이 아니다. 그것은 그저 당연하고 그야말로 기본이다. 굳이 말하지 않아도 해야 하는 일이다. 우리의 소명은 그보다는 더하여 우리의 이웃, 세상 사람들, 불쌍하게 굶어 죽어가는 사람들을 살려야 한다.

따라서 우리는 세상이 고통받을 때를 위해 우리의 '창고'를 준비해야 한다. 지식의 창고를 준비해야 한다. 이 생존경쟁의 마당에서 승리할 실력의 창고를 준비해야 한다. 인재들의 창고를 준비하는 것이다. 우리 자신이 그 창고의 알곡과 같은 인재가 되어야 한다. 세상을 복되게 하는 인력창고의 중요한 일원이 되어야 한다.

그래서 창고 문을 여는 것이다. 언제 여는가? 세상이 기근으로 고통받을 때 열 수 있다. 세상을 향해 우리가 준비한 창고를 세상이 고통받을 때 열 수 있다. 그때 놀라운 하나님의 역사가 있을 것이다. 이렇게 파는 자에게 복이 있다고 하나님이 말씀하신다.

구약의 마지막 책을 쓴 말라기 선지자가 이렇게 하나님의 말씀을 전했다. "만군의 여호와가 이르노라. 너희의 온전한 십일조를 창고에 들여 나의 집에 양식이 있게 하고 그것으로 나를 시험하여 내가 하늘 문을 열고 너희에게 복을 쌓을 곳이 없도록 붓지 아니하나 보라"(말 3:10). 온전한 십일조를 하나님의 창고에 들이면 하나님이 우리의 창고에 복을 쌓을 곳이 없도록 부어주겠다고 하셨다. 하나님과의 언약 관계를 잘 유지하면 우리가 사는 땅 자체가 하나님의 축복의 창고라는 사실을 알려주셨다. 복을 쌓을 곳이 없도록 부어주신 다니 이보다 복된 일이 어디에 있는가? 우리가 추구할 창고는 바로 이런 복된 창고이다.

우리는 창고를 준비해야 한다. 그래야 품격을 뽐내는 멋진 리더이다. 세상을 복되게 하는 리더이다. 일하는 우리는 바로 우리 인생의 창고를 준비하는 사람들이다. 우리가 준비하는 창고 안에 우리의 인생이 담겨 있다. 요셉이 멋진 창고지기였던 것처럼 우리도 창고지기이다. 우리는 요셉처럼 준비하고 있는가? 지식의 창고를 준비하고 있는가? 우리는 날마다 우리의 지식창고에 우리의 인생을 담고 있는가? 지식을 쌓고 부가가치를 높이고 있는가? 요셉의 창고를 보면서 우리 자신의 창고, 우리 기업의 창고를 잘 준비해야 한다. 우리 교회의 창고를 준비해야 한다. 그래서 세상 사람들이 고통받을 때 창고를 열어 그 안을 가득 채웠던 지식의 알곡으로 세상 사람들을 살려내야 한다.

■ 나의 신앙 고백 1

이 책을 읽고 가장 도전받은 내용은 무엇입니까?
크리스천 직업인으로서의 나의 삶에 어떻게 적용할 수 있을까요?

....

....

....

....

....

....

....

....

■ 나의 신앙 고백 2

이 책을 읽고 가장 도전받은 내용은 무엇입니까?
크리스천 직업인으로서의 나의 삶에 어떻게 적용할 수 있을까요?

....

....

....

....

....

....

....

....

■ 나의 신앙 고백 3

이 책을 읽고 가장 도전받은 내용은 무엇입니까?
크리스천 직업인으로서의 나의 삶에 어떻게 적용할 수 있을까요?

....

....

....

....

....

....

....

....

■ 나의 신앙 고백 4

이 책을 읽고 가장 도전받은 내용은 무엇입니까?
크리스천 직업인으로서의 나의 삶에 어떻게 적용할 수 있을까요?

....

....

....

....

....

....

....

....